읽고 쓰고 마음에 새기는 필사 노트

갈라디아서 · 에베소서

빌립보서 · 골로새서

그리스도와 연합하는 삶

갈라디아서
에 베 소 서
빌 립 보 서
골 로 새 서

바울서신 3

PAUL'S LETTER 3

새번역 · 영문 NLT 성경

북스원
BOOKSONE

바울서신에는

성도들을 향한 지극한 사랑이 녹아 있습니다.

이단의 공격과 세상의 유혹이 불어와도 성도들이

믿음 안에서 굳건히 이기고 승리하길 기도하고 있습니다.

〈읽고 쓰고 마음에 새기는 필사 노트〉를 통해

하나님을 만나길 소망합니다.

믿음의 반석 위에 든든히 서길 기도합니다.

'나의 레마 노트'에는 필사를 통해 감동 받거나

적고 싶은 묵상을 써 보세요.

갈라디아서

GALATIANS

〈인사〉

1 사람들이 시켜서 사도가 된 것도 아니요, 사람이 맡겨서 사도가 된 것도 아니요, 예수 그리스도께서 그리고 그분을 죽은 사람들 가운데서 살리신 하나님 아버지께서 임명하심으로써 사도가 된 나 바울이,

2 나와 함께 있는 모든 믿음의 식구와 더불어 갈라디아에 있는 여러 교회에 이 편지를 씁니다.

3 우리 아버지 하나님과 주 예수 그리스도께서 내려 주시는 은혜와 평화가 여러분에게 있기를 빕니다.

4 예수 그리스도께서는 하나님 우리 아버지의 뜻을 따라 우리를 이 악한 세대에서 건져 주시려고, 우리의 죄를 대속하기 위하여 자기 몸을 바치셨습니다.

5 하나님께 영광이 영원무궁 하도록 있기를 빕니다. 아멘.

1 This letter is from Paul, an apostle. I was not appointed by any group of people or any human authority, but by Jesus Christ himself and by God the Father, who raised Jesus from the dead.

2 All the brothers and sisters here join me in sending this letter to the churches of Galatia.

3 May God our Father and the Lord Jesus Christ give you grace and peace.

4 Jesus gave his life for our sins, just as God our Father planned, in order to rescue us from this evil world in which we live.

5 All glory to God forever and ever! Amen.

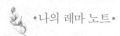 •나의 레마 노트•

〈다른 복음은 없다〉

6 여러분을 [그리스도의] 은혜 안으로 불러 주신 분에게서, 여러분이 그렇게도 빨리 떠나 다른 복음으로 넘어가는 데는, 나는 놀라지 않을 수 없습니다.

7 실제로 다른 복음이 있는 것은 아닙니다. 다만 몇몇 사람이 여러분을 교란시켜서 그리스도의 복음을 왜곡시키려고 하는 것뿐입니다.

8 그러나 우리들이나, 또는 하늘에서 온 천사일지라도, 우리가 여러분에게 전한 것과 다른 복음을 여러분에게 전한다면, 마땅히 저주를 받아야 합니다.

9 우리가 전에도 말하였지만, 이제 다시 말합니다. 여러분이 이미 받은 것과 다른 복음을 여러분에게 전하는 사람이 있다면, 그가 누구이든지, 저주를 받아야 마땅합니다.

10 내가 지금 사람들의 마음을 기쁘게 하려 하고 있습니까? 아니면, 하나님의 마음을 기쁘게 해 드리려 하고 있습니까? 아니면, 사람의 환심을 사려고 하고 있습니까? 내가 아직도 사람의 환심을 사려고 하고 있다면, 나는 그리스도의 종이 아닙니다.

6 I am shocked that you are turning away so soon from God, who called you to himself through the loving mercy of Christ. You are following a different way that pretends to be the Good News

7 but is not the Good News at all. You are being fooled by those who deliberately twist the truth concerning Christ.

8 Let God's curse fall on anyone, including us or even an angel from heaven, who preaches a different kind of Good News than the one we preached to you.

9 I say again what we have said before: If anyone preaches any other Good News than the one you welcomed, let that person be cursed.

10 Obviously, I'm not trying to win the approval of people, but of God. If pleasing people were my goal, I would not be Christ's servant.

•나의 레마 노트•

1

〈바울이 사도가 된 내력〉

11 형제자매 여러분, 내가 여러분에게 밝혀드립니다. 내가 전한 복음은 사람에게서 비롯된 것이 아닙니다.

12 그 복음은, 내가 사람에게서 받은 것도 아니요, 배운 것도 아니요, 예수 그리스도의 나타나심으로 받은 것입니다.

13 내가 전에 유대교에 있을 적에 한 행위가 어떠하였는가를, 여러분이 이미 들은 줄 압니다. 나는 하나님의 교회를 몹시 박해하였고, 또 아주 없애버리려고 하였습니다.

14 나는 내 동족 가운데서, 나와 나이가 같은 또래의 많은 사람보다 유대교 신앙에 앞서 있었으며, 내 조상들의 전통을 지키는 일에도 훨씬 더 열성이었습니다.

15 그러나 나를 모태로부터 따로 세우시고 은혜로 불러 주신 [하나님께서],

16 그 아들을 이방 사람에게 전하게 하시려고, 그를 나에게 기꺼이 나타내 보이셨습니다. 그 때에 나는 사람들과 의논하지 않았고,

11 Dear brothers and sisters, I want you to understand that the gospel message I preach is not based on mere human reasoning.

12 I received my message from no human source, and no one taught me. Instead, I received it by direct revelation from Jesus Christ.

13 You know what I was like when I followed the Jewish religion - how I violently persecuted God's church. I did my best to destroy it.

14 I was far ahead of my fellow Jews in my zeal for the traditions of my ancestors.

15 But even before I was born, God chose me and called me by his marvelous grace. Then it pleased him

16 to reveal his Son to me so that I would proclaim the Good News about Jesus to the Gentiles. When this happened, I did not rush out to consult with any human being.

•나의 레마 노트•

17 또 나보다 먼저 사도가 된 사람들을 만나려고 예루살렘으로 올라가지도 않았습니다. 나는 곧바로 아라비아로 갔다가, 다마스쿠스로 되돌아갔습니다.

18 삼 년 뒤에 나는 게바를 만나려고 예루살렘으로 올라갔습니다. 나는 그와 함께 보름 동안을 지냈습니다.

19 그러나 나는 주님의 동생 야고보 밖에는, 사도들 가운데 아무도 만나지 않았습니다.

20 (내가 여러분에게 쓰는 이 말은, 하나님 앞에 맹세코 거짓말이 아닙니다!)

21 그 뒤에 나는 시리아와 길리기아 지방으로 갔습니다.

22 그래서 나는 유대 지방에 있는 그리스도의 교회들에게는 얼굴이 알려져 있지 않았습니다.

23 그들은 다만 "전에 우리를 박해하던 그 사람이, 지금은 그가 전에 없애버리려고 하던 그 믿음을 전한다" 하는 소문을 들을 따름이었습니다.

24 그래서 그들은 나를 두고 하나님께 줄곧 영광을 돌렸습니다.

17 Nor did I go up to Jerusalem to consult with those who were apostles before I was. Instead, I went away into Arabia, and later I returned to the city of Damascus.

18 Then three years later I went to Jerusalem to get to know Peter, and I stayed with him for fifteen days.

19 The only other apostle I met at that time was James, the Lord's brother.

20 I declare before God that what I am writing to you is not a lie.

21 After that visit I went north into the provinces of Syria and Cilicia.

22 And still the Christians in the churches in Judea didn't know me personally.

23 All they knew was that people were saying, "The one who used to persecute us is now preaching the very faith he tried to destroy!"

24 And they praised God because of me.

•나의 레마 노트•

〈예루살렘 회의〉

1 그 다음에 십사 년이 지나서, 나는 바나바와 함께 디도를 데리고, 다시 예루살렘으로 올라갔습니다.

2 내가 거기에 올라간 것은 계시를 따른 것이었습니다. 나는 이방 사람들에게 전하는 복음을 그들에게 설명하고, 유명한 사람들에게는 따로 설명하였습니다. 그것은, 내가 달리고 있는 일이나 지금까지 달린 일이 헛되지 않게 하려고 한 것입니다.

3 나와 함께 있는 디도는 그리스 사람이지만, 할례를 강요받지 않았습니다.

4 몰래 들어온 거짓 신도들 때문에 할례를 강요받는 일이 있었던 것입니다. 그들은 우리를 노예로 만들고자 하여, 그리스도 예수 안에서 누리는 우리의 자유를 엿보려고 몰래 끼여든 자들입니다.

5 우리는 그들에게 잠시도 굴복하지 않았습니다. 그것은 복음의 진리가 언제나 여러분과 함께 있게 하려고 한 것입니다.

1 Then fourteen years later I went back to Jerusalem again, this time with Barnabas; and Titus came along, too.

2 I went there because God revealed to me that I should go. While I was there I met privately with those considered to be leaders of the church and shared with them the message I had been preaching to the Gentiles. I wanted to make sure that we were in agreement, for fear that all my efforts had been wasted and I was running the race for nothing.

3 And they supported me and did not even demand that my companion Titus be circumcised, though he was a Gentile.

4 Even that question came up only because of some so-called Christians there - false ones, really - who were secretly brought in. They sneaked in to spy on us and take away the freedom we have in Christ Jesus. They wanted to enslave us and force us to follow their Jewish regulations.

5 But we refused to give in to them for a single moment. We wanted to preserve the truth of the gospel message for you.

갈라디아서 2:1-5

•나의 레마 노트•

2

6 그 유명하다는 사람들로부터 나는 아무런 제안도 받지 않았습니다. -그들이 어떤 사람들이든지, 나에게는 아무 상관이 없습니다. 하나님께서는 사람을 겉모양으로 판단하지 않으십니다.- 그 유명한 사람들은 나에게 아무런 제안을 하지 않았습니다.

7 도리어 그들은, 베드로가 할례 받은 사람에게 복음을 전하는 일을 맡은 것과 같이, 내가 할례 받지 않은 사람에게 복음을 전하는 일을 맡은 것을 알게 되었습니다.

8 그들은, 베드로에게는 할례 받은 사람에게 복음을 전하게 하시려고 사도직을 주신 분이, 나에게는 할례 받지 않은 사람에게 복음을 전하게 하시려고 사도직을 주셨다는 사실을 깨달았습니다.

9 그래서 기둥으로 인정받는 야고보와 게바와 요한은, 하나님이 나에게 주신 은혜를 인정하고, 나와 바나바에게 오른손을 내밀어서, 친교의 악수를 하였습니다. 그렇게 하여, 우리는 이방 사람에게로 가고, 그들은 할례 받은 사람에게로 가기로 하였습니다.

10 다만, 그들이 우리에게 바란 것은 가난한 사람을 기억해 달라고 한 것인데, 그것은 바로 내가 마음을 다하여 해 오던 일이었습니다.

6 And the leaders of the church had nothing to add to what I was preaching. (By the way, their reputation as great leaders made no difference to me, for God has no favorites.)

7 Instead, they saw that God had given me the responsibility of preaching the gospel to the Gentiles, just as he had given Peter the responsibility of preaching to the Jews.

8 For the same God who worked through Peter as the apostle to the Jews also worked through me as the apostle to the Gentiles.

9 In fact, James, Peter, and John, who were known as pillars of the church, recognized the gift God had given me, and they accepted Barnabas and me as their co-workers. They encouraged us to keep preaching to the Gentiles, while they continued their work with the Jews.

10 Their only suggestion was that we keep on helping the poor, which I have always been eager to do.

갈라디아서 2:6-10

•나의 레마 노트•

②

〈안디옥에서 바울이 게바를 나무라다〉

11 그런데 게바가 안디옥에 왔을 때에 잘못한 일이 있어서, 나는 얼굴을 마주 보고 그를 나무랐습니다.

12 그것은 게바가, 야고보에게서 몇몇 사람이 오기 전에는 이방 사람들과 함께 음식을 먹다가, 그들이 오니, 할례 받은 사람들을 두려워하여 그 자리를 떠나 물러난 일입니다.

13 나머지 유대 사람들도 그와 함께 위선을 하였고, 마침내는 바나바까지도 그들의 위선에 끌려갔습니다.

14 나는 그들이 복음의 진리를 따라 똑바로 걷지 않는 것을 보고, 모든 사람 앞에서 게바에게 이렇게 말하였습니다. "당신은 유대 사람인데도 유대 사람처럼 살지 않고 이방 사람처럼 살면서, 어찌하여 이방 사람더러 유대 사람이 되라고 강요합니까?"

11 But when Peter came to Antioch, I had to oppose him to his face, for what he did was very wrong.

12 When he first arrived, he ate with the Gentile Christians, who were not circumcised. But afterward, when some friends of James came, Peter wouldn't eat with the Gentiles anymore. He was afraid of criticism from these people who insisted on the necessity of circumcision.

13 As a result, other Jewish Christians followed Peter's hypocrisy, and even Barnabas was led astray by their hypocrisy.

14 When I saw that they were not following the truth of the gospel message, I said to Peter in front of all the others, "Since you, a Jew by birth, have discarded the Jewish laws and are living like a Gentile, why are you now trying to make these Gentiles follow the Jewish traditions?

•나의 레마 노트•

〈믿음으로 의롭게 하여 주심을 받다〉

15 우리는 본디 유대 사람이요, 이방인 출신의 죄인이 아닙니다.

16 그러나 사람이, 율법을 행하는 행위로 의롭게 되는 것이 아니라, 예수 그리스도를 믿는 믿음으로 의롭게 되는 것임을 알고, 우리도 그리스도 예수를 믿은 것입니다. 그것은, 우리가 율법을 행하는 행위로가 아니라, 그리스도를 믿는 믿음으로 의롭다고 하심을 받고자 했던 것입니다. 율법을 행하는 행위로는, 아무도 의롭게 될 수 없기 때문입니다.

17 우리가 그리스도 안에서 의롭다고 하심을 받으려고 하다가, 우리가 죄인으로 드러난다면, 그리스도는 우리로 하여금 죄를 짓게 하시는 분이라는 말입니까? 그럴 수 없습니다.

18 내가 헐어 버린 것을 다시 세우면, 나는 나 스스로를 범법자로 만드는 것입니다.

15 "You and I are Jews by birth, not 'sinners' like the Gentiles.

16 Yet we know that a person is made right with God by faith in Jesus Christ, not by obeying the law. And we have believed in Christ Jesus, so that we might be made right with God because of our faith in Christ, not because we have obeyed the law. For no one will ever be made right with God by obeying the law."

17 But suppose we seek to be made right with God through faith in Christ and then we are found guilty because we have abandoned the law. Would that mean Christ has led us into sin? Absolutely not!

18 Rather, I am a sinner if I rebuild the old system of law I already tore down.

•나의 레마 노트•

19 나는 율법과의 관계에서는 율법으로 말미암아 죽어버렸습니다. 그것은 내가 하나님과의 관계 안에서 살려고 하는 것입니다.

20 나는 그리스도와 함께 십자가에 못박혔습니다. 이제 살고 있는 것은 내가 아닙니다. 그리스도께서 내 안에서 살고 계십니다. 내가 지금 육신 안에서 살고 있는 삶은, 나를 사랑하셔서 나를 위하여 자기 몸을 내어주신 하나님의 아들을 믿는 믿음 안에서 살아가는 것입니다.

21 나는 하나님의 은혜를 헛되게 하지 않습니다. 의롭다고 하여 주시는 것이 율법으로 되는 것이라면, 그리스도께서는 헛되이 죽으신 것이 됩니다.

19 For when I tried to keep the law, it condemned me. So I died to the law - I stopped trying to meet all its requirements - so that I might live for God.

20 My old self has been crucified with Christ. It is no longer I who live, but Christ lives in me. So I live in this earthly body by trusting in the Son of God, who loved me and gave himself for me.

21 I do not treat the grace of God as meaningless. For if keeping the law could make us right with God, then there was no need for Christ to die.

갈라디아서 2:19-21

•나의 레마 노트•

〈갈라디아 교인들에게 호소하다〉

1 어리석은 갈라디아 사람들이여, 예수 그리스도께서 십자가에 못박히신 모습이 여러분의 눈 앞에 선한데, 누가 여러분을 홀렸습니까?

2 나는 여러분에게서 이 한 가지만을 알고 싶습니다. 여러분은 율법을 행하는 행위로 성령을 받았습니까? 그렇지 않으면, 믿음의 소식을 들어서 성령을 받았습니까?

3 여러분은 그렇게도 어리석습니까? 성령으로 시작하였다가, 이제 와서는 육체로 끝마치려고 합니까?

4 여러분의 그 많은 체험은, 다 허사가 되었다는 말입니까? 참말로 허사였습니까?

5 하나님께서 여러분에게 성령을 주시고 여러분 가운데서 기적을 행하시는 것은 여러분이 율법을 행하기 때문입니까, 아니면 믿음의 소식을 듣기 때문입니까? 그렇지 않으면, 여러분이 복음을 듣고 믿어서 그렇게 하신 것입니까?

6 그것은, "아브라함이 하나님을 믿으니, 하나님께서 그것을 의로운 일로 여겨 주셨다"는 것과 같습니다.

1 Oh, foolish Galatians! Who has cast an evil spell on you? For the meaning of Jesus Christ's death was made as clear to you as if you had seen a picture of his death on the cross.

2 Let me ask you this one question: Did you receive the Holy Spirit by obeying the law of Moses? Of course not! You received the Spirit because you believed the message you heard about Christ.

3 How foolish can you be? After starting your Christian lives in the Spirit, why are you now trying to become perfect by your own human effort?

4 Have you experienced so much for nothing? Surely it was not in vain, was it?

5 I ask you again, does God give you the Holy Spirit and work miracles among you because you obey the law? Of course not! It is because you believe the message you heard about Christ.

6 In the same way, "Abraham believed God, and God counted him as righteous because of his faith."

갈라디아서 3:1-6

•나의 레마 노트•

27

7 그러므로 믿음에서 난 사람들이야말로 아브라함의 자손임을 여러분은 아십시오.

8 또 하나님께서 이방 사람을 믿음에 근거하여 의롭다고 여겨 주신다는 것을 성경은 미리 알고서, 아브라함에게 "모든 민족이 너로 말미암아 복을 받을 것이다" 하는 기쁜 소식을 미리 전하였습니다.

9 그러므로 믿음에서 난 사람들은 믿음을 가진 아브라함과 함께 복을 받습니다.

10 율법의 행위에 근거하여 살려고 하는 사람은 누구나 다 저주 아래에 있습니다. 기록된 바 "율법책에 기록된 모든 것을 계속하여 행하지 않는 사람은 다 저주 아래에 있다" 하였습니다.

11 하나님 앞에서는, 율법으로는 아무도 의롭게 되지 못한다는 것이 명백합니다. "의인은 믿음으로 살 것이다" 하였기 때문입니다.

12 그러나 율법은 믿음에서 생긴 것이 아닙니다. 오히려 "율법의 일을 행하는 사람은 그 일로 살 것이다" 하였습니다.

13 그리스도께서 우리를 위하여 저주를 받은 사람이 되심으로써, 우리를 율법의 저주에서 속량해 주셨습니다. 기록된 바 "나무에 달린 자는 모두 저주를 받은 자이다" 하였기 때문입니다.

7 The real children of Abraham, then, are those who put their faith in God.

8 What's more, the Scriptures looked forward to this time when God would declare the Gentiles to be righteous because of their faith. God proclaimed this good news to Abraham long ago when he said, "All nations will be blessed through you."

9 So all who put their faith in Christ share the same blessing Abraham received because of his faith.

10 But those who depend on the law to make them right with God are under his curse, for the Scriptures say, "Cursed is everyone who does not observe and obey all the commands that are written in God's Book of the Law."

11 So it is clear that no one can be made right with God by trying to keep the law. For the Scriptures say, "It is through faith that a righteous person has life."

12 This way of faith is very different from the way of law, which says, "It is through obeying the law that a person has life."

13 But Christ has rescued us from the curse pronounced by the law. When he was hung on the cross, he took upon himself the curse for our wrongdoing. For it is written in the Scriptures, "Cursed is everyone who is hung on a tree."

•나의 레마 노트•

14 그것은, 아브라함에게 내리신 복을 그리스도 예수 안에서 이방 사람에게 미치게 하시고, 우리로 하여금 믿음으로 말미암아 약속하신 성령을 받게 하시려는 것입니다.

〈율법과 약속〉

15 형제자매 여러분, 나는 사람의 관례를 예로 들어서 말하겠습니다. 어떤 사람이 적법하게 유언을 작성해 놓으면, 아무도 그것을 무효로 하거나, 거기에다가 어떤 것을 덧붙일 수 없습니다.

16 그런데 하나님께서 아브라함과 그 후손에게 약속을 말씀하실 때에, 마치 여러 사람을 가리키는 것처럼 '후손들에게'라고 말씀하시지 않고 단 한 사람을 가리키는 뜻으로 '너의 후손에게'라고 말씀하셨습니다. 그 한 사람은 곧 그리스도이십니다.

17 내가 말하려는 것은 이것입니다. 하나님께서 이미 맺으신 언약을, 사백삼십 년 뒤에 생긴 율법이 이를 무효로 하여 그 약속을 폐하지 못합니다.

18 그 유업이 율법에서 난 것이면, 그것은 절대로 약속에서 난 것이 아닙니다. 그러나 하나님께서는 약속을 통하여 아브라함에게 유업을 거저 주셨습니다.

14 Through Christ Jesus, God has blessed the Gentiles with the same blessing he promised to Abraham, so that we who are believers might receive the promised Holy Spirit through faith.

15 Dear brothers and sisters, here's an example from everyday life. Just as no one can set aside or amend an irrevocable agreement, so it is in this case.

16 God gave the promises to Abraham and his child. And notice that the Scripture doesn't say "to his children," as if it meant many descendants. Rather, it says "to his child" - and that, of course, means Christ.

17 This is what I am trying to say: The agreement God made with Abraham could not be canceled 430 years later when God gave the law to Moses. God would be breaking his promise.

18 For if the inheritance could be received by keeping the law, then it would not be the result of accepting God's promise. But God graciously gave it to Abraham as a promise.

•나의 레마 노트•

19 그러면 율법의 용도는 무엇입니까? 율법은 약속을 받으신 그 후손이 오실 때까지 범죄들 때문에 덧붙여 주신 것입니다. 그것은 천사들을 통하여, 한 중개자의 손으로 제정되었습니다.

20 그런데 그 중개자는 한쪽에만 속한 것이 아닙니다. 그러나 하나님은 한 분이십니다.

〈종과 아들〉

21 그렇다면 율법은 [하나님의] 약속과는 반대되는 것입니까? 그렇지 않습니다. 그 중개자가 준 율법이 생명을 줄 수 있는 것이었다면, 의롭게 됨은 분명히 율법에서 생겼을 것입니다.

22 그러나 성경은 모든 것이 죄 아래에 갇혔다고 말합니다. 그것은 약속하신 것을, 예수 그리스도를 믿는 믿음에 근거하여, 믿는 사람들에게 주시려고 한 것입니다.

19 Why, then, was the law given? It was given alongside the promise to show people their sins. But the law was designed to last only until the coming of the child who was promised. God gave his law through angels to Moses, who was the mediator between God and the people.

20 Now a mediator is helpful if more than one party must reach an agreement. But God, who is one, did not use a mediator when he gave his promise to Abraham.

21 Is there a conflict, then, between God's law and God's promises? Absolutely not! If the law could give us new life, we could be made right with God by obeying it.

22 But the Scriptures declare that we are all prisoners of sin, so we receive God's promise of freedom only by believing in Jesus Christ.

•나의 레마 노트•

23 믿음이 오기 전에는, 우리는 율법의 감시를 받으면서, 장차 올 믿음이 나타날 때까지 갇혀 있었습니다.

24 그래서 율법은, 그리스도께서 오실 때까지, 우리에게 개인교사 역할을 하였습니다. 그 것은, 우리로 하여금 믿음으로 의롭다고 하심을 받게 하시려고 한 것입니다.

25 그런데 그 믿음이 이미 왔으므로, 우리가 이제는 개인교사 아래에 있지 않습니다.

26 여러분은 모두 그 믿음으로 말미암아 그리스도 예수 안에서 하나님의 자녀들입니다.

27 여러분은 모두 세례를 받아 그리스도와 하나가 되고, 그리스도를 옷으로 입은 사람들 이기 때문입니다.

28 유대 사람도 그리스 사람도 없으며, 종도 자유인도 없으며, 남자와 여자가 없습니다. 여 러분 모두가 그리스도 예수 안에서 하나이기 때문입니다.

29 여러분이 그리스도께 속한 사람이면, 여러분은 아브라함의 후손이요, 약속을 따라 정 해진 상속자들입니다.

23 Before the way of faith in Christ was available to us, we were placed under guard by the law. We were kept in protective custody, so to speak, until the way of faith was revealed.

24 Let me put it another way. The law was our guardian until Christ came; it protected us until we could be made right with God through faith.

25 And now that the way of faith has come, we no longer need the law as our guardian.

26 For you are all children of God through faith in Christ Jesus.

27 And all who have been united with Christ in baptism have put on Christ, like putting on new clothes.

28 There is no longer Jew or Gentile, slave or free, male and female. For you are all one in Christ Jesus.

29 And now that you belong to Christ, you are the true children of Abraham. You are his heirs, and God's promise to Abraham belongs to you.

갈라디아서 3:23-29

•나의 레마 노트•

35

1 내가 또 말합니다. 유업을 이을 사람은 모든 것의 주인이지만, 어릴 때에는 종과 다름이 없고,

2 아버지가 정해 놓은 그 때까지는 보호자와 관리인의 지배 아래에 있습니다.

3 이와 같이, 우리도 어릴 때에는, 세상의 유치한 교훈 아래에서 종노릇을 하였습니다.

4 그러나 기한이 찼을 때에, 하나님께서는 자기 아들을 보내셔서, 여자에게서 나게 하시고, 또한 율법 아래에 놓이게 하셨습니다.

5 그것은 율법 아래에 있는 사람들을 속량하시고, 우리로 하여금 자녀의 자격을 얻게 하시려는 것이었습니다.

6 그런데 여러분은 자녀이므로, 하나님께서 그 아들의 영을 우리의 마음에 보내 주셔서 우리가 하나님을 "아빠, 아버지"라고 부를 수 있게 하셨습니다.

7 그러므로 여러분 각 사람은 이제 종이 아니라 자녀입니다. 자녀이면, 하나님께서 세워 주신 상속자이기도 합니다.

1 Think of it this way. If a father dies and leaves an inheritance for his young children, those children are not much better off than slaves until they grow up, even though they actually own everything their father had.

2 They have to obey their guardians until they reach whatever age their father set.

3 And that's the way it was with us before Christ came. We were like children; we were slaves to the basic spiritual principles of this world.

4 But when the right time came, God sent his Son, born of a woman, subject to the law.

5 God sent him to buy freedom for us who were slaves to the law, so that he could adopt us as his very own children.

6 And because we are his children, God has sent the Spirit of his Son into our hearts, prompting us to call out, "Abba, Father."

7 Now you are no longer a slave but God's own child. And since you are his child, God has made you his heir.

•나의 레마 노트•

〈바울이 갈라디아 교회를 염려하다〉

8 그런데 전에는 여러분이 하나님을 알지 못해서, 본디 하나님이 아닌 것들에게 종노릇을 하였지만,

9 지금은, 여러분이 하나님을 알 뿐만 아니라, 하나님께서 여러분을 알아주셨습니다. 그런데 어찌하여 그 무력하고 천하고 유치한 교훈으로 되돌아가서, 또다시 그것들에게 종노릇 하려고 합니까?

10 여러분이 날과 달과 계절과 해를 지키고 있으니,

11 내가 여러분을 위하여 수고한 것이 헛될까 염려됩니다.

12 형제자매 여러분, 내가 여러분과 같이 되었으니, 여러분도 나와 같이 되기를 바랍니다. 여러분이 내게 해를 입힌 일은 없습니다.

13 그리고 여러분이 아시는 바와 같이, 내가 여러분에게 처음으로 복음을 전하게 된 것은, 내 육체가 병든 것이 그 계기가 되었습니다.

8 Before you Gentiles knew God, you were slaves to so-called gods that do not even exist.

9 So now that you know God (or should I say, now that God knows you), why do you want to go back again and become slaves once more to the weak and useless spiritual principles of this world?

10 You are trying to earn favor with God by observing certain days or months or seasons or years.

11 I fear for you. Perhaps all my hard work with you was for nothing.

12 Dear brothers and sisters, I plead with you to live as I do in freedom from these things, for I have become like you Gentiles - free from those laws. You did not mistreat me when I first preached to you.

13 Surely you remember that I was sick when I first brought you the Good News.

•나의 레마 노트•

14 그리고 내 몸에는 여러분에게 시험이 될 만한 것이 있는데도, 여러분은 나를 멸시하지도 않고, 외면하지도 않았습니다. 여러분은 나를 하나님의 천사와 같이, 그리스도 예수와 같이 영접해 주었습니다.

15 그런데 여러분의 그 감격이 지금은 어디에 있습니까? 나는 여러분에게 증언합니다. 여러분은 할 수만 있었다면, 여러분의 눈이라도 빼어서 내게 주었을 것입니다.

16 그런데 내가 여러분에게 진실을 말하기 때문에 여러분의 원수가 되었습니까?

17 위에서 내가 말한 사람들이 여러분에게 열심을 내는 것은 좋은 뜻으로 하는 것이 아니라, 여러분을 내게서 떼어놓아서, 여러분으로 하여금 자기네들을 열심히 따르게 하려고 하는 것입니다.

18 그런데 그들이 좋은 뜻으로 여러분에게 열심을 낸다면, 그것은, 내가 여러분과 함께 있을 때뿐만 아니라, 언제든지 좋은 일입니다.

19 나의 자녀 여러분, 나는 여러분 속에 그리스도의 형상이 이루어지기까지 다시 해산의 고통을 겪습니다.

14 But even though my condition tempted you to reject me, you did not despise me or turn me away. No, you took me in and cared for me as though I were an angel from God or even Christ Jesus himself.

15 Where is that joyful and grateful spirit you felt then? I am sure you would have taken out your own eyes and given them to me if it had been possible.

16 Have I now become your enemy because I am telling you the truth?

17 Those false teachers are so eager to win your favor, but their intentions are not good. They are trying to shut you off from me so that you will pay attention only to them.

18 If someone is eager to do good things for you, that's all right; but let them do it all the time, not just when I'm with you.

19 Oh, my dear children! I feel as if I'm going through labor pains for you again, and they will continue until Christ is fully developed in your lives.

•나의 레마 노트•

20 이제라도 내가 여러분을 만나 어조를 부드럽게 바꾸어서 말할 수 있으면 좋겠습니다. 나는 여러분의 일을 어떻게 하면 좋을지 당황하고 있습니다.

〈하갈과 사라〉

21 율법 아래에 있기를 바라는 사람들이여, 나에게 말해 보십시오. 여러분은 율법이 말하는 것을 듣지 못합니까?

22 아브라함에게 두 아들이 있었는데, 한 사람은 여종에게서 태어나고 한 사람은 종이 아닌 본처에게서 태어났다고 기록되어 있습니다.

23 여종에게서 난 아들은 육신을 따라 태어나고, 본처에게서 난 아들은 약속을 따라 태어났습니다.

24 이것은 비유로 표현한 것입니다. 그 두 여자는 두 가지 언약을 가리킵니다. 한 사람은 시내 산에서 나서 종이 될 사람을 낳은 하갈입니다.

25 '하갈'이라 하는 것은 아라비아에 있는 시내 산을 뜻하는데, 지금의 예루살렘에 해당합니다. 지금의 예루살렘은 그 주민과 함께 종노릇을 하고 있습니다.

20 I wish I were with you right now so I could change my tone. But at this distance I don't know how else to help you.

21 Tell me, you who want to live under the law, do you know what the law actually says?

22 The Scriptures say that Abraham had two sons, one from his slave wife and one from his freeborn wife.

23 The son of the slave wife was born in a human attempt to bring about the fulfillment of God's promise. But the son of the freeborn wife was born as God's own fulfillment of his promise.

24 These two women serve as an illustration of God's two covenants. The first woman, Hagar, represents Mount Sinai where people received the law that enslaved them.

25 And now Jerusalem is just like Mount Sinai in Arabia, because she and her children live in slavery to the law.

•나의 레마 노트•

26 그러나 하늘에 있는 예루살렘은 종이 아닌 여자이며, 우리의 어머니입니다.

27 성경에 기록하기를, "아이를 낳지 못하는 여자여, 즐거워하여라. 해산의 고통을 모르는 여자여, 소리를 높여서 외쳐라. 홀로 사는 여자의 자녀가 남편을 둔 여자의 자녀보다 더 많을 것이다" 하였습니다.

28 형제자매 여러분, 여러분은 이삭과 같이 약속의 자녀들입니다.

29 그러나 그 때에 육신을 따라 난 사람이 성령을 따라 난 사람을 박해한 것과 같이, 지금도 그러합니다.

30 그런데 성경은 무엇이라고 말합니까. "여종과 그 아들을 내쫓아라. 여종의 아들은 절대로, 종이 아닌 본처의 아들과 함께 유업을 받지 못할 것이다" 하였습니다.

31 그러므로 형제자매 여러분, 우리는 여종의 자녀가 아니라, 자유를 가진 여자의 자녀입니다.

26 But the other woman, Sarah, represents the heavenly Jerusalem. She is the free woman, and she is our mother.

27 As Isaiah said, "Rejoice, O childless woman, you who have never given birth! Break into a joyful shout, you who have never been in labor! For the desolate woman now has more children than the woman who lives with her husband!"

28 And you, dear brothers and sisters, are children of the promise, just like Isaac.

29 But you are now being persecuted by those who want you to keep the law, just as Ishmael, the child born by human effort, persecuted Isaac, the child born by the power of the Spirit.

30 But what do the Scriptures say about that? "Get rid of the slave and her son, for the son of the slave woman will not share the inheritance with the free woman's son."

31 So, dear brothers and sisters, we are not children of the slave woman; we are children of the free woman.

•나의 레마 노트•

1 그리스도께서 우리를 해방시켜 주셔서, 자유를 누리게 하셨습니다. 그러므로 굳게 서서, 다시는 종살이의 멍에를 메지 마십시오.

〈그리스도인의 자유〉

2 나 바울이 여러분에게 말합니다. 여러분이 할례를 받으면, 그리스도는 여러분에게 아무런 유익이 없습니다.

3 내가 할례를 받는 모든 사람에게 다시 증언합니다. 그런 사람은 율법 전체를 이행해야 할 의무를 지닙니다.

4 율법으로 의롭게 되려고 하는 사람은 그리스도에게서 끊어지고, 은혜에서 떨어져 나간 사람입니다.

5 그러나 우리는 성령을 힘입어서, 믿음으로 의롭다고 하심을 받을 소망을 간절히 기다리고 있습니다.

6 그리스도 예수 안에서는, 할례를 받거나 안 받는 것이 문제가 되는 것이 아닙니다. 가장 중요한 것은, 믿음이 사랑을 통하여 일하는 것입니다.

1 So Christ has truly set us free. Now make sure that you stay free, and don't get tied up again in slavery to the law.

2 Listen! I, Paul, tell you this: If you are counting on circumcision to make you right with God, then Christ will be of no benefit to you.

3 I'll say it again. If you are trying to find favor with God by being circumcised, you must obey every regulation in the whole law of Moses.

4 For if you are trying to make yourselves right with God by keeping the law, you have been cut off from Christ! You have fallen away from God's grace.

5 But we who live by the Spirit eagerly wait to receive by faith the righteousness God has promised to us.

6 For when we place our faith in Christ Jesus, there is no benefit in being circumcised or being uncircumcised. What is important is faith expressing itself in love.

•나의 레마 노트•

7 여러분은 지금까지 잘 달려왔습니다. 그런데 누가 여러분을 가로막아서, 진리를 따르지 못하게 하였습니까?

8 그런 꾐은 여러분을 부르신 분에게서 나온 것이 아닙니다.

9 적은 누룩이 반죽 전체를 부풀게 합니다.

10 나는 여러분이 다른 생각을 조금도 품지 않으리라는 것을 주님 안에서 확신합니다. 그러나 여러분을 교란시키는 사람은, 누구든지 심판을 받을 것입니다.

11 형제자매 여러분, 내가 아직도 할례를 전한다면, 어찌하여 아직도 박해를 받겠습니까? 그렇다면, 십자가의 거리낌은 없어졌을 것입니다.

12 할례를 가지고 여러분을 선동하는 사람들은, 차라리 자기의 그 지체를 잘라 버리는 것이 좋겠습니다.

13 형제자매 여러분, 하나님께서는 여러분을 부르셔서, 자유를 누리게 하셨습니다. 그러나 여러분은 그 자유를 육체의 욕망을 만족시키는 구실로 삼지 말고, 사랑으로 서로 섬기십시오.

7 You were running the race so well. Who has held you back from following the truth?

8 It certainly isn't God, for he is the one who called you to freedom.

9 This false teaching is like a little yeast that spreads through the whole batch of dough!

10 I am trusting the Lord to keep you from believing false teachings. God will judge that person, whoever he is, who has been confusing you.

11 Dear brothers and sisters, if I were still preaching that you must be circumcised - as some say I do - why am I still being persecuted? If I were no longer preaching salvation through the cross of Christ, no one would be offended.

12 I just wish that those troublemakers who want to mutilate you by circumcision would mutilate themselves.

13 For you have been called to live in freedom, my brothers and sisters. But don't use your freedom to satisfy your sinful nature. Instead, use your freedom to serve one another in love.

•나의 레마 노트•

14 모든 율법은 "네 이웃을 네 몸과 같이 사랑하여라" 하신 한 마디 말씀 속에 다 들어 있습니다.

15 그런데 여러분이 서로 물어뜯고 잡아먹고 하면, 피차 멸망하고 말 터이니, 조심하십시오.

〈육체의 행실과 성령의 열매〉

16 내가 또 말합니다. 여러분은 성령께서 인도하여 주시는 대로 살아가십시오. 그러면 육체의 욕망을 채우려 하지 않을 것입니다.

17 육체의 욕망은 성령을 거스르고, 성령이 바라시는 것은 육체를 거스릅니다. 이 둘이 서로 적대관계에 있으므로, 여러분은 자기가 원하는 일을 할 수 없게 됩니다.

18 그런데 여러분이, 성령의 인도하심을 따라 살아가면, 율법 아래에 있는 것이 아닙니다.

19 육체의 행실은 환히 드러난 것들입니다. 곧 음행과 더러움과 방탕과

20 우상숭배와 마술과 원수맺음과 다툼과 시기와 분냄과 분쟁과 분열과 파당과

14 For the whole law can be summed up in this one command: "Love your neighbor as yourself."

15 But if you are always biting and devouring one another, watch out! Beware of destroying one another.

16 So I say, let the Holy Spirit guide your lives. Then you won't be doing what your sinful nature craves.

17 The sinful nature wants to do evil, which is just the opposite of what the Spirit wants. And the Spirit gives us desires that are the opposite of what the sinful nature desires. These two forces are constantly fighting each other, so you are not free to carry out your good intentions.

18 But when you are directed by the Spirit, you are not under obligation to the law of Moses.

19 When you follow the desires of your sinful nature, the results are very clear: sexual immorality, impurity, lustful pleasures,

20 idolatry, sorcery, hostility, quarreling, jealousy, outbursts of anger, selfish ambition, dissension, division,

•나의 레마 노트•

21 질투와 술취함과 흥청망청 먹고 마시는 놀음과, 그와 같은 것들입니다. 내가 전에도 여러분에게 경고하였지만, 이제 또다시 경고합니다. 이런 짓을 하는 사람들은 하나님의 나라를 상속받지 못할 것입니다.

22 그러나 성령의 열매는 사랑과 기쁨과 화평과 인내와 친절과 선함과 신실과

23 온유와 절제입니다. 이런 것들을 막을 법이 없습니다.

24 그리스도 예수께 속한 사람은 정욕과 욕망과 함께 자기의 육체를 십자가에 못박았습니다.

25 우리가 성령으로 삶을 얻었으니, 우리는 성령이 인도해 주심을 따라 살아갑시다.

26 우리는 잘난 체하거나 서로 노엽게 하거나 질투하거나 하지 않도록 합시다.

21 envy, drunkenness, wild parties, and other sins like these. Let me tell you again, as I have before, that anyone living that sort of life will not inherit the Kingdom of God.

22 But the Holy Spirit produces this kind of fruit in our lives: love, joy, peace, patience, kindness, goodness, faithfulness,

23 gentleness, and self-control. There is no law against these things!

24 Those who belong to Christ Jesus have nailed the passions and desires of their sinful nature to his cross and crucified them there.

25 Since we are living by the Spirit, let us follow the Spirit's leading in every part of our lives.

26 Let us not become conceited, or provoke one another, or be jealous of one another.

갈라디아서 5:21-26

•나의 레마 노트•

〈서로 짐을 져 줍시다〉

1 형제자매 여러분, 어떤 사람이 어떤 죄에 빠진 일이 드러나면, 성령의 인도하심을 따라 사는 사람인 여러분은 온유한 마음으로 그런 사람을 바로잡아 주고, 자기 스스로를 살펴서, 유혹에 빠지지 않도록 조심하십시오.

2 여러분은 서로 남의 짐을 져 주십시오. 그렇게 하면 여러분이 그리스도의 법을 성취하실 것입니다.

3 어떤 사람이 아무것도 아니면서 무엇이 된 것처럼 생각하면, 그는 자기를 속이는 것입니다.

4 각 사람은 자기 일을 살펴보십시오. 그러면 자기에게는 자랑거리가 있더라도, 남에게까지 자랑할 것은 없을 것입니다.

5 사람은 각각 자기 몫의 짐을 져야 합니다.

6 말씀을 배우는 사람은 가르치는 사람과 모든 좋은 것을 함께 나누어야 합니다.

1 Dear brothers and sisters, if another believer is overcome by some sin, you who are godly should gently and humbly help that person back onto the right path. And be careful not to fall into the same temptation yourself.

2 Share each other's burdens, and in this way obey the law of Christ.

3 If you think you are too important to help someone, you are only fooling yourself. You are not that important.

4 Pay careful attention to your own work, for then you will get the satisfaction of a job well done, and you won't need to compare yourself to anyone else.

5 For we are each responsible for our own conduct.

6 Those who are taught the word of God should provide for their teachers, sharing all good things with them.

갈라디아서 6:1-6

• 나의 레마 노트 •

7 자기를 속이지 마십시오. 하나님은 조롱을 받으실 분이 아니십니다. 사람은 무엇을 심든지, 심은 대로 거둘 것입니다.

8 자기 육체에다 심는 사람은 육체에서 썩을 것을 거두고, 성령에다 심는 사람은 성령에게서 영생을 거둘 것입니다.

9 선한 일을 하다가, 낙심하지 맙시다. 지쳐서 넘어지지 아니하면, 때가 이를 때에 거두게 될 것입니다.

10 그러므로 기회가 있는 동안에, 모든 사람에게 선한 일을 합시다. 특히 믿음의 식구들에게는 더욱 그렇게 합시다.

〈마지막으로 하는 경고와 축복〉

11 보십시오, 내가 여러분에게 직접 이렇게 큰 글자로 적습니다.

12 육체의 겉모양을 꾸미기를 좋아하는 사람은, 여러분에게 할례를 받으라고 강요합니다. 그것은 그들이 그리스도의 십자가 때문에 받는 박해를 면하고자 하는 것입니다.

7 Don't be misled - you cannot mock the justice of God. You will always harvest what you plant.

8 Those who live only to satisfy their own sinful nature will harvest decay and death from that sinful nature. But those who live to please the Spirit will harvest everlasting life from the Spirit.

9 So let's not get tired of doing what is good. At just the right time we will reap a harvest of blessing if we don't give up.

10 Therefore, whenever we have the opportunity, we should do good to everyone - especially to those in the family of faith.

11 NOTICE WHAT LARGE LETTERS I USE AS I WRITE THESE CLOSING WORDS IN MY OWN HANDWRITING.

12 Those who are trying to force you to be circumcised want to look good to others. They don't want to be persecuted for teaching that the cross of Christ alone can save.

•나의 레마 노트•

13 할례를 받는 사람들 스스로도 율법을 지키지 않으면서 여러분에게 할례를 받게 하려는 것은, 여러분의 육체를 이용하여 자랑하려는 것입니다.

14 그런데 내게는 우리 주 예수 그리스도의 십자가 밖에는, 자랑할 것이 아무것도 없습니다. 그리스도로 말미암아, 내 쪽에서 보면 세상이 죽었고, 세상 쪽에서 보면 내가 죽었습니다.

15 할례를 받거나 안 받는 것이 중요한 것이 아니라, 새롭게 창조되는 것이 중요합니다.

16 이 표준을 따라 사는 사람들에게와 하나님의 백성 이스라엘에게 평화와 자비가 있기를 빕니다.

17 이제부터는 아무도 나를 괴롭히지 마십시오. 나는 내 몸에 예수의 상처 자국을 지고 다닙니다.

18 형제자매 여러분, 우리 주 예수 그리스도의 은혜가 여러분의 심령에 있기를 빕니다. 아멘.

13 And even those who advocate circumcision don't keep the whole law themselves. They only want you to be circumcised so they can boast about it and claim you as their disciples.

14 As for me, may I never boast about anything except the cross of our Lord Jesus Christ. Because of that cross, my interest in this world has been crucified, and the world's interest in me has also died.

15 It doesn't matter whether we have been circumcised or not. What counts is whether we have been transformed into a new creation.

16 May God's peace and mercy be upon all who live by this principle; they are the new people of God.

17 From now on, don't let anyone trouble me with these things. For I bear on my body the scars that show I belong to Jesus.

18 Dear brothers and sisters, may the grace of our Lord Jesus Christ be with your spirit. Amen.

갈라디아서 6:13-18

•나의 레마 노트•

에베소서

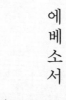

EPHESIANS

〈인사〉

1 하나님의 뜻으로 그리스도 예수의 사도가 된 나 바울이, [에베소에 사는], 그리스도 예수를 믿는 성도들에게, 이 편지를 씁니다.

2 우리 아버지 하나님과 주 예수 그리스도께서 내려주시는 은혜와 평화가 여러분에게 있기를 빕니다.

〈그리스도 안에 있는 영적인 복〉

3 우리 주 예수 그리스도의 아버지이신 하나님을 찬양합시다. 하나님께서는 그리스도 안에서, 하늘에 속한 온갖 신령한 복을 우리에게 주셨습니다.

4 하나님은 세상 창조 전에 그리스도 안에서 우리를 택하시고 사랑해 주셔서, 하나님 앞에서 거룩하고 흠이 없는 사람이 되게 하셨습니다.

5 하나님은 하나님의 기뻐하시는 뜻을 따라 예수 그리스도를 통하여 우리를 하나님의 자녀로 삼으시기로 예정하신 것입니다.

1 This letter is from Paul, chosen by the will of God to be an apostle of Christ Jesus. I am writing to God's holy people in Ephesus, who are faithful followers of Christ Jesus.

2 May God our Father and the Lord Jesus Christ give you grace and peace.

3 All praise to God, the Father of our Lord Jesus Christ, who has blessed us with every spiritual blessing in the heavenly realms because we are united with Christ.

4 Even before he made the world, God loved us and chose us in Christ to be holy and without fault in his eyes.

5 God decided in advance to adopt us into his own family by bringing us to himself through Jesus Christ. This is what he wanted to do, and it gave him great pleasure.

•나의 레마 노트•

1

6 그래서 하나님이 하나님의 사랑하시는 아들 안에서 우리에게 거저 주신 하나님의 영
광스러운 은혜를 찬미하게 하셨습니다.

7 우리는 이 아들 안에서 하나님의 풍성한 은혜를 따라 그의 피로 구속 곧 죄 용서를
받게 되었습니다.

8 하나님은 우리에게 모든 지혜와 총명을 넘치게 주셔서,

9 그리스도 안에서 미리 세우신 하나님이 기뻐하시는 뜻을 따라 하나님의 신비한 뜻을
우리에게 알려 주셨습니다.

10 하나님의 계획은, 때가 차면, 하늘과 땅에 있는 모든 것을 그리스도 안에서 그분을 머
리로 하여 통일시키는 것입니다.

11 하나님은 그리스도 안에서 우리를 상속자로 삼으셨습니다. 이것은 모든 것을 자기의
원하시는 뜻대로 행하시는 분의 계획에 따라 미리 정해진 일입니다.

12 그것은 그리스도께 맨 먼저 소망을 둔 우리로 하여금 하나님의 영광을 찬미하는 사람
이 되게 하시려는 것이었습니다.

6 So we praise God for the glorious grace he has poured out on us who belong to his
dear Son.

7 He is so rich in kindness and grace that he purchased our freedom with the blood of
his Son and forgave our sins.

8 He has showered his kindness on us, along with all wisdom and understanding.

9 God has now revealed to us his mysterious plan regarding Christ, a plan to fulfill his
own good pleasure.

10 And this is the plan: At the right time he will bring everything together under the
authority of Christ - everything in heaven and on earth.

11 Furthermore, because we are united with Christ, we have received an inheritance
from God, for he chose us in advance, and he makes everything work out according
to his plan.

12 God's purpose was that we Jews who were the first to trust in Christ would bring
praise and glory to God.

에베소서 1:6-12

•나의 레마 노트•

13 여러분도 그리스도 안에서 진리의 말씀 곧 여러분을 구원하는 복음을 듣고서 그리스
도를 믿었으므로, 약속하신 성령의 날인을 받았습니다.

14 이 성령은, 하나님의 소유인 우리가 완전히 구원받을 때까지 우리의 상속의 담보이시
며, 우리로 하여금 하나님의 영광을 찬미하게 하십니다.

〈바울의 기도〉

15 그러므로 나도, 주 예수에 대한 여러분의 믿음과 모든 성도를 향한 사랑을 듣고서,

16 여러분을 두고 끊임없이 감사를 드리고 있으며, 내 기도 중에 여러분을 기억합니다.

17 우리 주 예수 그리스도의 하나님이신 영광의 아버지께서 지혜와 계시의 영을 여러분에
게 주셔서, 하나님을 알게 하시고,

18 [여러분의] 마음의 눈을 밝혀 주셔서, 하나님의 부르심에 속한 소망이 무엇이며, 성도
들에게 베푸시는 하나님의 영광스러운 상속이 얼마나 풍성한지를, 여러분이 알게 되기
를 바랍니다.

13 And now you Gentiles have also heard the truth, the Good News that God saves you.
And when you believed in Christ, he identified you as his own by giving you the Holy
Spirit, whom he promised long ago.

14 The Spirit is God's guarantee that he will give us the inheritance he promised and that
he has purchased us to be his own people. He did this so we would praise and glorify
him.

15 Ever since I first heard of your strong faith in the Lord Jesus and your love for God's
people everywhere,

16 I have not stopped thanking God for you. I pray for you constantly,

17 asking God, the glorious Father of our Lord Jesus Christ, to give you spiritual wisdom
and insight so that you might grow in your knowledge of God.

18 I pray that your hearts will be flooded with light so that you can understand the
confident hope he has given to those he called - his holy people who are his rich and
glorious inheritance.

•나의 레마 노트•

19 또한 믿는 사람들인 우리에게 강한 힘으로 활동하시는 하나님의 능력이 얼마나 엄청나게 큰지를, 여러분이 알기 바랍니다.

20 하나님께서는 이 능력을 그리스도 안에 발휘하셔서, 그분을 죽은 사람들 가운데서 살리시고, 하늘에서 자기의 오른쪽에 앉히셔서

21 모든 정권과 권세와 능력과 주권 위에, 그리고 이 세상뿐만 아니라 오는 세상에서 일컬을 모든 이름 위에 뛰어나게 하셨습니다.

22 하나님께서는 만물을 그리스도의 발 아래 굴복시키시고, 그분을 만물 위에 교회의 머리로 삼으셨습니다.

23 교회는 그리스도의 몸이요, 만물 안에서 만물을 충만케 하시는 분의 충만함입니다.

19 I also pray that you will understand the incredible greatness of God's power for us who believe him. This is the same mighty power

20 that raised Christ from the dead and seated him in the place of honor at God's right hand in the heavenly realms.

21 Now he is far above any ruler or authority or power or leader or anything else - not only in this world but also in the world to come.

22 God has put all things under the authority of Christ and has made him head over all things for the benefit of the church.

23 And the church is his body; it is made full and complete by Christ, who fills all things everywhere with himself.

〈사망에서 생명으로 옮기다〉

1 여러분도 전에는 허물과 죄로 죽었던 사람들입니다.

2 그 때에 여러분은 허물과 죄 가운데서, 이 세상의 풍조를 따라 살고, 공중의 권세를 잡은 통치자, 곧 지금 불순종의 자식들 가운데서 작용하는 영을 따라 살았습니다.

3 우리도 모두 전에는, 그들 가운데에서 육신의 정욕대로 살고, 육신과 마음이 원하는 대로 행했으며, 나머지 사람들과 마찬가지로 날 때부터 진노의 자식이었습니다.

4 그러나 하나님은 자비가 넘치는 분이셔서, 우리를 사랑하신 그 크신 사랑으로 말미암아

5 범죄로 죽은 우리를 그리스도와 함께 살려 주셨습니다. 여러분은 은혜로 구원을 얻었습니다.

6 하나님께서 그리스도 예수 안에서 우리를 그분과 함께 살리시고, 하늘에 함께 앉게 하셨습니다.

1 Once you were dead because of your disobedience and your many sins.

2 You used to live in sin, just like the rest of the world, obeying the devil - the commander of the powers in the unseen world. He is the spirit at work in the hearts of those who refuse to obey God.

3 All of us used to live that way, following the passionate desires and inclinations of our sinful nature. By our very nature we were subject to God's anger, just like everyone else.

4 But God is so rich in mercy, and he loved us so much,

5 that even though we were dead because of our sins, he gave us life when he raised Christ from the dead. (It is only by God's grace that you have been saved!)

6 For he raised us from the dead along with Christ and seated us with him in the heavenly realms because we are united with Christ Jesus.

•나의 레마 노트•

2

7 그것은, 하나님께서 그리스도 예수 안에서 우리에게 자비로 베풀어주신 그 은혜가 얼마나 풍성한지를 장차 올 모든 세대에게 드러내 보이시기 위함입니다.

8 여러분은 믿음을 통하여 은혜로 구원을 얻었습니다. 이것은 여러분에게서 난 것이 아니요, 하나님의 선물입니다.

9 행위에서 난 것이 아닙니다. 그러므로 아무도 자랑할 수 없습니다.

10 우리는 하나님의 작품입니다. 선한 일을 하게 하시려고, 하나님께서 그리스도 예수 안에서 우리를 만드셨습니다. 하나님께서 이렇게 미리 준비하신 것은, 우리가 선한 일을 하며 살아가게 하시려는 것입니다.

〈하나가 되게 하신 그리스도〉

11 그러므로 여러분은 지난날에 육신으로는 이방 사람이었다는 사실을 명심하십시오. 손으로 육체에 행한 할례를 받은 사람이라고 뽐내는 이른바 할례자들에게 여러분은 무할례자들이라고 불리며 따돌림을 당했습니다.

7 So God can point to us in all future ages as examples of the incredible wealth of his grace and kindness toward us, as shown in all he has done for us who are united with Christ Jesus.

8 God saved you by his grace when you believed. And you can't take credit for this; it is a gift from God.

9 Salvation is not a reward for the good things we have done, so none of us can boast about it.

10 For we are God's masterpiece. He has created us anew in Christ Jesus, so we can do the good things he planned for us long ago.

11 Don't forget that you Gentiles used to be outsiders. You were called "uncircumcised heathens" by the Jews, who were proud of their circumcision, even though it affected only their bodies and not their hearts.

•나의 레마 노트•

12 그 때에 여러분은 그리스도와 상관이 없었고, 이스라엘 공동체에서 제외되어서, 약속의 언약과 무관한 외인으로서, 세상에서 아무 소망이 없이, 하나님도 없이 살았습니다.

13 여러분이 전에는 하나님에게서 멀리 떨어져 있었는데, 이제는 그리스도 예수 안에서 그분의 피로 하나님께 가까워졌습니다.

14 그리스도는 우리의 평화이십니다. 그리스도께서는 유대 사람과 이방 사람이 양쪽으로 갈라져 있는 것을 하나로 만드신 분이십니다. 그분은 유대 사람과 이방 사람 사이를 가르는 담을 자기 몸으로 허무셔서, 원수 된 것을 없애시고,

15 여러 가지 조문으로 된 계명의 율법을 폐하셨습니다. 그분은 이 둘을 자기 안에서 하나의 새 사람으로 만들어서 평화를 이루시고,

16 원수 된 것을 십자가로 소멸하시고 이 둘을 한 몸으로 만드셔서, 하나님과 화해시키셨습니다.

17 그분은 오셔서 멀리 떨어져 있는 여러분에게 평화를 전하셨으며, 가까이 있는 사람들에게도 평화를 전하셨습니다.

12 In those days you were living apart from Christ. You were excluded from citizenship among the people of Israel, and you did not know the covenant promises God had made to them. You lived in this world without God and without hope.

13 But now you have been united with Christ Jesus. Once you were far away from God, but now you have been brought near to him through the blood of Christ.

14 For Christ himself has brought peace to us. He united Jews and Gentiles into one people when, in his own body on the cross, he broke down the wall of hostility that separated us.

15 He did this by ending the system of law with its commandments and regulations. He made peace between Jews and Gentiles by creating in himself one new people from the two groups.

16 Together as one body, Christ reconciled both groups to God by means of his death on the cross, and our hostility toward each other was put to death.

17 He brought this Good News of peace to you Gentiles who were far away from him, and peace to the Jews who were near.

에베소서 2:12-17

•나의 레마 노트•

18 이방 사람과 유대 사람 양쪽 모두, 그리스도를 통하여 한 성령 안에서 아버지께 나아
가게 되었습니다.

19 그러므로 이제부터 여러분은 외국 사람이나 나그네가 아니요, 성도들과 함께 시민이며
하나님의 가족입니다.

20 여러분은 사도들과 예언자들이 놓은 기초 위에 세워진 건물이며, 그리스도 예수가 그
모퉁잇돌이 되십니다.

21 그리스도 안에서 건물 전체가 서로 연결되어서, 주님 안에서 자라서 성전이 됩니다.

22 그리스도 안에서 여러분도 함께 세워져서 하나님이 성령으로 거하실 처소가 됩니다.

18 Now all of us can come to the Father through the same Holy Spirit because of what
Christ has done for us.

19 So now you Gentiles are no longer strangers and foreigners. You are citizens along
with all of God's holy people. You are members of God's family.

20 Together, we are his house, built on the foundation of the apostles and the prophets.
And the cornerstone is Christ Jesus himself.

21 We are carefully joined together in him, becoming a holy temple for the Lord.

22 Through him you Gentiles are also being made part of this dwelling where God lives
by his Spirit.

에베소서 2:18-22

•나의 레마 노트•

77

〈하나님의 구원 경륜의 비밀〉

1 그러므로 이방 사람 여러분을 위하여 그리스도 [예수]의 일로 갇힌 몸이 된 나 바울이 말합니다.

2 ―하나님께서 여러분을 위하여 일하도록 나에게 이 직분을 은혜로 주셨다는 것을, 여러분은 이미 들었을 줄 압니다.

3 하나님께서는 나에게 그 비밀을 계시로 알려 주셨습니다. 그것은 내가 이미 간략하게 적은 바와 같습니다.

4 여러분이 그것을 읽어보면, 내가 그리스도의 비밀을 어떻게 이해하고 있는지를 알게 될 것입니다.

5 지나간 다른 세대에서는 하나님께서 그 비밀을 사람의 아들들에게 알려주지 아니하셨는데, 지금은 그분의 거룩한 사도들과 예언자들에게 성령으로 계시하여 주셨습니다.

1 When I think of all this, I, Paul, a prisoner of Christ Jesus for the benefit of you Gentiles . . .

2 assuming, by the way, that you know God gave me the special responsibility of extending his grace to you Gentiles.

3 As I briefly wrote earlier, God himself revealed his mysterious plan to me.

4 As you read what I have written, you will understand my insight into this plan regarding Christ.

5 God did not reveal it to previous generations, but now by his Spirit he has revealed it to his holy apostles and prophets.

•나의 레마 노트•

6 그 비밀의 내용인즉 이방 사람들이 복음을 통하여 그리스도 예수 안에서 유대 사람들과 공동 상속자가 되고, 함께 한 몸이 되고, 약속을 함께 가지는 자가 되는 것입니다.

7 나는 이 복음을 섬기는 일꾼이 되었습니다. 내가 이렇게 된 것은 하나님께서 그분의 능력이 작용하는 대로 나에게 주신 그분의 은혜의 선물을 따른 것입니다.

8 하나님께서 모든 성도 가운데서 지극히 작은 자보다 더 작은 나에게 이 은혜를 주셔서, 그리스도의 헤아릴 수 없는 부요함을 이방 사람들에게 전하게 하시고,

9 만물을 창조하신 하나님 안에 영원 전부터 감추어져 있는 비밀의 계획이 무엇인지를 [모두에게] 밝히게 하셨습니다.

10 그것은 이제 교회를 통하여 하늘에 있는 통치자들과 권세자들에게 하나님의 갖가지 지혜를 알리시려는 것입니다.

6 And this is God's plan: Both Gentiles and Jews who believe the Good News share equally in the riches inherited by God's children. Both are part of the same body, and both enjoy the promise of blessings because they belong to Christ Jesus.

7 By God's grace and mighty power, I have been given the privilege of serving him by spreading this Good News.

8 Though I am the least deserving of all God's people, he graciously gave me the privilege of telling the Gentiles about the endless treasures available to them in Christ.

9 I was chosen to explain to everyone this mysterious plan that God, the Creator of all things, had kept secret from the beginning.

10 God's purpose in all this was to use the church to display his wisdom in its rich variety to all the unseen rulers and authorities in the heavenly places.

•나의 레마 노트•

11 이 일은, 하나님께서 우리 주 그리스도 예수 안에서 성취하신 영원한 뜻을 따른 것입니다.

12 우리는 그리스도를 믿음으로써, 그분 안에서 확신을 가지고, 담대하게 하나님께 나아갑니다.

13 그러므로 여러분을 위하여 당하는 나의 환난을 보고서, 여러분이 낙심하는 일이 없기를 바랍니다. 내가 당하는 환난은 여러분에게는 영광이 됩니다.

〈그리스도의 사랑을 알아라〉

14 그러므로 나는 아버지께 무릎을 꿇고 빕니다.

15 아버지께서는 하늘과 땅에 있는 각 족속에게 이름을 붙여 주신 분이십니다.

16 아버지께서 그분의 영광의 풍성하심을 따라 그분의 성령을 통하여 여러분의 속 사람을 능력으로 강건하게 하여 주시고,

11 This was his eternal plan, which he carried out through Christ Jesus our Lord.

12 Because of Christ and our faith in him, we can now come boldly and confidently into God's presence.

13 So please don't lose heart because of my trials here. I am suffering for you, so you should feel honored.

14 When I think of all this, I fall to my knees and pray to the Father,

15 the Creator of everything in heaven and on earth.

16 I pray that from his glorious, unlimited resources he will empower you with inner strength through his Spirit.

에베소서 3:11-16

•나의 레마 노트•

17 믿음으로 말미암아 그리스도를 여러분의 마음 속에 머물러 계시게 하여 주시기를 빕니다. 여러분이 사랑 속에 뿌리를 박고 터를 잡아서,

18 모든 성도와 함께 여러분이 그리스도의 사랑의 너비와 길이와 높이와 깊이가 어떠한지를 깨달을 수 있게 되고,

19 지식을 초월하는 그리스도의 사랑을 알게 되기를 빕니다. 그리하여 하나님의 온갖 충만하심으로 여러분이 충만하여지기를 바랍니다.

20 우리 가운데서 일하시는 능력을 따라, 우리가 구하거나 생각하는 것 이상으로 더욱 넘치게 주실 수 있는 분에게,

21 교회 안에서와 그리스도 예수 안에서, 영광이 대대로 영원무궁하도록 있기를 빕니다. 아멘.

17 Then Christ will make his home in your hearts as you trust in him. Your roots will grow down into God's love and keep you strong.

18 And may you have the power to understand, as all God's people should, how wide, how long, how high, and how deep his love is.

19 May you experience the love of Christ, though it is too great to understand fully. Then you will be made complete with all the fullness of life and power that comes from God.

20 Now all glory to God, who is able, through his mighty power at work within us, to accomplish infinitely more than we might ask or think.

21 Glory to him in the church and in Christ Jesus through all generations forever and ever! Amen.

•나의 레마 노트•

4

〈하나 되는 진리〉

1 그러므로 주님 안에서 갇힌 몸이 된 내가 여러분에게 권합니다. 여러분은 부르심을 받았으니, 그 부르심에 합당하게 살아가십시오.

2 겸손함과 온유함으로 깍듯이 대하십시오. 오래 참음으로써 사랑으로 서로 용납하십시오.

3 성령이 여러분을 평화의 띠로 묶어서, 하나가 되게 해 주신 것을 힘써 지키십시오.

4 그리스도의 몸도 하나요, 성령도 하나입니다. 이와 같이 여러분도 부르심을 받았을 때에 그 부르심의 목표인 소망도 하나였습니다.

5 주님도 한 분이시요, 믿음도 하나요, 세례도 하나요,

6 하나님도 한 분이십니다. 하나님은 모든 것의 아버지시요, 모든 것 위에 계시고 모든 것을 통하여 계시고 모든 것 안에 계시는 분이십니다.

7 그러나 하나님께서는 우리 각 사람에게, 그리스도께서 나누어 주시는 선물의 분량을 따라서, 은혜를 주셨습니다.

1 Therefore I, a prisoner for serving the Lord, beg you to lead a life worthy of your calling, for you have been called by God.

2 Always be humble and gentle. Be patient with each other, making allowance for each other's faults because of your love.

3 Make every effort to keep yourselves united in the Spirit, binding yourselves together with peace.

4 For there is one body and one Spirit, just as you have been called to one glorious hope for the future.

5 There is one Lord, one faith, one baptism,

6 and one God and Father, who is over all and in all and living through all.

7 However, he has given each one of us a special gift through the generosity of Christ.

•나의 레마 노트•

8 그러므로 성경에 이르시기를 "그분은 높은 곳으로 올라가셔서, 포로를 사로잡으시고, 사람들에게 선물을 나누어 주셨다" 합니다.

9 그런데 그분이 올라가셨다고 하는 것은 먼저 그분이 땅의 낮은 곳으로 내려오셨다는 것을 말하는 것이 아니고 무엇이겠습니까?

10 내려오셨던 그분은 만물을 충만하게 하시려고, 하늘의 가장 높은 데로 올라가신 바로 그분이십니다.

11 그분이 어떤 사람은 사도로, 어떤 사람은 예언자로, 어떤 사람은 복음 전도자로, 또 어떤 사람은 목사와 교사로 삼으셨습니다.

12 그것은 성도들을 준비시켜서, 봉사의 일을 하게 하고, 그리스도의 몸을 세우게 하려고 하는 것입니다.

13 그리하여 우리 모두가 하나님의 아들을 믿는 일과 아는 일에 하나가 되고, 온전한 사람이 되어서, 그리스도의 충만하심의 경지에까지 다다르게 됩니다.

8 That is why the Scriptures say, "When he ascended to the heights, he led a crowd of captives and gave gifts to his people."

9 Notice that it says "he ascended." This clearly means that Christ also descended to our lowly world.

10 And the same one who descended is the one who ascended higher than all the heavens, so that he might fill the entire universe with himself.

11 Now these are the gifts Christ gave to the church: the apostles, the prophets, the evangelists, and the pastors and teachers.

12 Their responsibility is to equip God's people to do his work and build up the church, the body of Christ.

13 This will continue until we all come to such unity in our faith and knowledge of God's Son that we will be mature in the Lord, measuring up to the full and complete standard of Christ.

에베소서 4:8-13

•나의 레마 노트•

14 우리는 이 이상 더 어린아이로 있어서는 안됩니다. 우리는 인간의 속임수나, 간교한 술수에 빠져서, 온갖 교훈의 풍조에 흔들리거나, 이리저리 밀려다니지 말아야 합니다.

15 우리는 사랑으로 진리를 말하고 살면서, 모든 면에서 자라나서, 머리가 되시는 그리스도에게까지 다다라야 합니다.

16 온 몸은 머리이신 그리스도께 속해 있으며, 몸에 갖추어져 있는 각 마디를 통하여 연결되고 결합됩니다. 각 지체가 그 맡은 분량대로 활동함을 따라 몸이 자라나며 사랑 안에서 몸이 건설됩니다.

⟨옛 사람과 새 사람⟩

17 그러므로 나는 주님 안에서 간곡히 권고합니다. 이제부터 여러분은 이방 사람들이 허망한 생각으로 살아가는 것과 같이 살아가지 마십시오.

18 그들은 자기들 속에 있는 무지와 자기들의 마음의 완고함 때문에 지각이 어두워지고, 하나님의 생명에서 떠나 있습니다.

14 Then we will no longer be immature like children. We won't be tossed and blown about by every wind of new teaching. We will not be influenced when people try to trick us with lies so clever they sound like the truth.

15 Instead, we will speak the truth in love, growing in every way more and more like Christ, who is the head of his body, the church.

16 He makes the whole body fit together perfectly. As each part does its own special work, it helps the other parts grow, so that the whole body is healthy and growing and full of love.

17 With the Lord's authority I say this: Live no longer as the Gentiles do, for they are hopelessly confused.

18 Their minds are full of darkness; they wander far from the life God gives because they have closed their minds and hardened their hearts against him.

•나의 레마 노트•

19 그들은 수치의 감각을 잃고, 자기들의 몸을 방탕에 내맡기고, 탐욕을 부리며, 모든 더러운 일을 합니다.

20 그러나 여러분은 그리스도를 그렇게 배우지는 않았습니다.

21 여러분이 예수 안에 있는 진리대로 그분에 관해서 듣고, 또 그분 안에서 가르침을 받았으면,

22 여러분은 지난날의 생활 방식대로 허망한 욕정을 따라 살다가 썩어 없어질 그 옛 사람을 벗어버리고,

23 마음의 영을 새롭게 하여,

24 하나님의 형상을 따라 참 의로움과 참 거룩함으로 지으심을 받은 새 사람을 입으십시오.

〈새로운 생활의 규범〉

25 그러므로 여러분은 거짓을 버리고, 각각 자기 이웃과 더불어 참된 말을 하십시오. 우리는 서로 한 몸의 지체들입니다.

19 They have no sense of shame. They live for lustful pleasure and eagerly practice every kind of impurity.

20 But that isn't what you learned about Christ.

21 Since you have heard about Jesus and have learned the truth that comes from him,

22 throw off your old sinful nature and your former way of life, which is corrupted by lust and deception.

23 Instead, let the Spirit renew your thoughts and attitudes.

24 Put on your new nature, created to be like God - truly righteous and holy.

25 So stop telling lies. Let us tell our neighbors the truth, for we are all parts of the same body.

•나의 레마 노트•

26 화를 내더라도, 죄를 짓는 데까지 이르지 않도록 하십시오. 해가 지도록 노여움을 품고 있지 마십시오.

27 악마에게 틈을 주지 마십시오.

28 도둑질하는 사람은 다시는 도둑질하지 말고, 수고를 하여 [제] 손으로 떳떳하게 벌이를 하십시오. 그리하여 오히려 궁핍한 사람들에게 나누어 줄 것이 있게 하십시오.

29 나쁜 말은 입 밖에 내지 말고, 덕을 세우는 데에 필요한 말이 있으면, 적절한 때에 해서, 듣는 사람에게 은혜가 되게 하십시오.

30 하나님의 성령을 슬프게 하지 마십시오. 여러분은 성령 안에서 구속의 날을 위하여 인치심을 받았습니다.

31 모든 악독과 격정과 분노와 소란과 욕설은 모든 악의와 함께 내버리십시오.

32 서로 친절히 대하며, 불쌍히 여기며, 하나님께서 그리스도 안에서 여러분을 용서하신 것과 같이, 서로 용서하십시오.

26 And "don't sin by letting anger control you." Don't let the sun go down while you are still angry,

27 for anger gives a foothold to the devil.

28 If you are a thief, quit stealing. Instead, use your hands for good hard work, and then give generously to others in need.

29 Don't use foul or abusive language. Let everything you say be good and helpful, so that your words will be an encouragement to those who hear them.

30 And do not bring sorrow to God's Holy Spirit by the way you live. Remember, he has identified you as his own, guaranteeing that you will be saved on the day of redemption.

31 Get rid of all bitterness, rage, anger, harsh words, and slander, as well as all types of evil behavior.

32 Instead, be kind to each other, tenderhearted, forgiving one another, just as God through Christ has forgiven you.

에베소서 4:26-32

•나의 레마 노트•

5

1 그러므로 여러분은 사랑을 받는 자녀답게, 하나님을 본받는 사람이 되십시오.

2 그리스도께서 여러분을 사랑하셔서, 우리를 위하여 하나님 앞에 향기로운 예물과 제물로 자기 몸을 내어주신 것과 같이, 여러분도 사랑으로 살아가십시오.

3 음행이나 온갖 더러운 행위나 탐욕은 그 이름조차도 여러분의 입에 담지 마십시오. 그렇게 하는 것이 성도에게 합당합니다.

4 더러운 말과 어리석은 말과 상스러운 농담은 여러분에게 어울리지 않습니다. 오히려 여러분은 감사에 찬 말을 하십시오.

5 여러분은 이것을 확실히 알아두십시오. 음행하는 자나 행실이 더러운 자나 탐욕을 부리는 자는 우상 숭배자여서, 그리스도와 하나님의 나라를 상속받을 몫이 없습니다.

〈빛의 자녀의 생활〉

6 여러분은 아무에게도 헛된 말로 속아넘어가지 마십시오. 이런 일 때문에, 하나님의 진노가 순종하지 않는 사람들에게 내리는 것입니다.

7 그러므로 여러분은 그런 사람들과 짝하지 마십시오.

1 Imitate God, therefore, in everything you do, because you are his dear children.

2 Live a life filled with love, following the example of Christ. He loved us and offered himself as a sacrifice for us, a pleasing aroma to God.

3 Let there be no sexual immorality, impurity, or greed among you. Such sins have no place among God's people.

4 Obscene stories, foolish talk, and coarse jokes - these are not for you. Instead, let there be thankfulness to God.

5 You can be sure that no immoral, impure, or greedy person will inherit the Kingdom of Christ and of God. For a greedy person is an idolater, worshiping the things of this world.

6 Don't be fooled by those who try to excuse these sins, for the anger of God will fall on all who disobey him.

7 Don't participate in the things these people do.

•나의 레마 노트•

8 여러분이 전에는 어둠이었으나, 지금은 주님 안에서 빛입니다. 빛의 자녀답게 사십시오.

9 -빛의 열매는 모든 선과 의와 진실에 있습니다.-

10 주님께서 기뻐하시는 일이 무엇인지를 분별하십시오.

11 여러분은 열매 없는 어둠의 일에 끼여들지 말고, 오히려 그것을 폭로하십시오.

12 그들이 몰래 하는 일들은 말하기조차 부끄러운 것들입니다.

13 빛이 폭로하면 모든 것이 드러나게 됩니다.

14 드러나는 것은 다 빛입니다. 그러므로, "잠자는 사람아, 일어나라. 죽은 사람 가운데서 일어서라. 그리스도께서 너를 환히 비추어 주실 것이다" 하는 말씀이 있습니다.

15 그러므로 여러분은 어떻게 살아가야 할지를 살피십시오. 지혜롭지 못한 사람처럼 살지 말고, 지혜로운 사람답게 살아야 합니다.

16 세월을 아끼십시오. 때가 악합니다.

17 그러므로 어리석은 자가 되지 말고, 주님의 뜻이 무엇인지를 깨달으십시오.

8 For once you were full of darkness, but now you have light from the Lord. So live as people of light!

9 For this light within you produces only what is good and right and true.

10 Carefully determine what pleases the Lord.

11 Take no part in the worthless deeds of evil and darkness; instead, expose them.

12 It is shameful even to talk about the things that ungodly people do in secret.

13 But their evil intentions will be exposed when the light shines on them,

14 for the light makes everything visible. This is why it is said, "Awake, O sleeper, rise up from the dead, and Christ will give you light."

15 So be careful how you live. Don't live like fools, but like those who are wise.

16 Make the most of every opportunity in these evil days.

17 Don't act thoughtlessly, but understand what the Lord wants you to do.

에베소서 5:8-17

•나의 레마 노트•

18 술에 취하지 마십시오. 거기에는 방탕이 따릅니다. 성령의 충만함을 받으십시오.

19 시와 찬미와 신령한 노래로 서로 화답하며, 여러분의 가슴으로 주님께 노래하며, 찬송하십시오.

20 모든 일에 언제나 우리 주 예수 그리스도의 이름으로 하나님 아버지께 감사를 드리십시오.

〈남편과 아내〉

21 여러분은 그리스도를 두려워하는 마음으로 서로 순종하십시오.

22 아내 된 이 여러분, 남편에게 하기를 주님께 하듯 하십시오.

23 그리스도께서 교회의 머리가 되심과 같이, 남편은 아내의 머리가 됩니다. 바로 그리스도께서는 몸의 구주이십니다.

24 교회가 그리스도께 순종하듯이, 아내도 모든 일에 남편에게 순종해야 합니다.

25 남편 된 이 여러분, 아내를 사랑하기를 그리스도께서 교회를 사랑하셔서 교회를 위하여 자신을 내주심 같이 하십시오.

18 Don't be drunk with wine, because that will ruin your life. Instead, be filled with the Holy Spirit,

19 singing psalms and hymns and spiritual songs among yourselves, and making music to the Lord in your hearts.

20 And give thanks for everything to God the Father in the name of our Lord Jesus Christ.

21 And further, submit to one another out of reverence for Christ.

22 For wives, this means submit to your husbands as to the Lord.

23 For a husband is the head of his wife as Christ is the head of the church. He is the Savior of his body, the church.

24 As the church submits to Christ, so you wives should submit to your husbands in everything.

25 For husbands, this means love your wives, just as Christ loved the church. He gave up his life for her

에베소서 5:18-25

•나의 레마 노트•

26 그리스도께서 그렇게 하신 것은, 교회를 물로 씻고, 말씀으로 깨끗하게 하여서, 거룩하게 하시려는 것이며,

27 티나 주름이나 또 그와 같은 것들이 없이, 아름다운 모습으로 교회를 자기 앞에 내세우시려는 것이며, 교회를 거룩하고 흠이 없게 하시려는 것입니다.

28 이와 같이, 남편도 아내를 자기 몸과 같이 사랑해야 합니다. 자기 아내를 사랑하는 것은 곧 자기를 사랑하는 것입니다.

29 자기 육신을 미워한 사람은 없습니다. 누구나 자기 육신을 먹여 살리고 돌보기를 그리스도께서 교회를 그렇게 하시듯이 합니다.

30 우리는 그리스도의 몸의 지체입니다.

31 그러므로 사람이 부모를 떠나 자기 아내와 합하여 그 둘이 한 몸이 되는 것입니다.

32 이 비밀은 큽니다. 나는 그리스도와 교회를 두고 이 말을 합니다.

33 그러므로 여러분도 각각 자기 아내를 자기 몸 같이 사랑하고, 아내도 자기 남편을 존중하십시오.

26 to make her holy and clean, washed by the cleansing of God's word.

27 He did this to present her to himself as a glorious church without a spot or wrinkle or any other blemish. Instead, she will be holy and without fault.

28 In the same way, husbands ought to love their wives as they love their own bodies. For a man who loves his wife actually shows love for himself.

29 No one hates his own body but feeds and cares for it, just as Christ cares for the church.

30 And we are members of his body.

31 As the Scriptures say, "A man leaves his father and mother and is joined to his wife, and the two are united into one."

32 This is a great mystery, but it is an illustration of the way Christ and the church are one.

33 So again I say, each man must love his wife as he loves himself, and the wife must respect her husband.

•나의 레마 노트•

〈자녀와 부모〉

1 자녀 된 이 여러분, [주 안에서] 여러분의 부모에게 순종하십시오. 이것이 옳은 일입니다.

2 "네 부모를 공경하라"고 하신 계명은, 약속이 딸려 있는 첫째 계명입니다.

3 "네가 잘 되고, 땅에서 오래 살 것이다" 하신 약속입니다.

4 또 아버지 된 이 여러분, 여러분의 자녀를 노엽게 하지 말고, 주님의 훈련과 훈계로 기르십시오.

〈종과 주인〉

5 종으로 있는 이 여러분, 두려움과 떨림과 성실한 마음으로 육신의 주인에게 순종하십시오. 그리스도께 하듯이 해야 합니다.

6 사람을 기쁘게 하는 자들처럼 눈가림으로 하지 말고, 그리스도의 종답게 진심으로 하나님의 뜻을 실천하십시오.

7 사람에게가 아니라 주님께 하듯이, 기쁜 마음으로 섬기십시오.

1 Children, obey your parents because you belong to the Lord, for this is the right thing to do.

2 "Honor your father and mother." This is the first commandment with a promise:

3 If you honor your father and mother, "things will go well for you, and you will have a long life on the earth."

4 Fathers, do not provoke your children to anger by the way you treat them. Rather, bring them up with the discipline and instruction that comes from the Lord.

5 Slaves, obey your earthly masters with deep respect and fear. Serve them sincerely as you would serve Christ.

6 Try to please them all the time, not just when they are watching you. As slaves of Christ, do the will of God with all your heart.

7 Work with enthusiasm, as though you were working for the Lord rather than for people.

에베소서 6:1-7

•나의 레마 노트•

8 선한 일을 하는 사람은, 종이든지 자유인이든지, 각각 그 갚음을 주님께로부터 받게 됨을 여러분은 아십시오.

9 주인 된 이 여러분, 종들에게 이와 같이 대하고, 위협을 그만두십시오. 그들의 주님이 시요 여러분의 주님이신 분께서 하늘에 계신다는 것과, 주님께서는 사람을 차별하여 대하지 않으신다는 것을, 여러분은 아십시오.

〈악마와 싸우는 싸움〉

10 끝으로 말합니다. 여러분은 주님 안에서 그분의 힘찬 능력으로 굳세게 되십시오.

11 악마의 간계에 맞설 수 있도록, 하나님이 주시는 온몸을 덮는 갑옷을 입으십시오.

12 우리의 싸움은 인간을 적대자로 상대하는 것이 아니라, 통치자들과 권세자들과 이 어두운 세계의 지배자들과 하늘에 있는 악한 영들을 상대로 하는 것입니다.

13 그러므로 하나님이 주시는 무기로 완전히 무장하십시오. 그래야만 여러분이 악한 날에 이 적대자들을 대항할 수 있으며 모든 일을 끝낸 뒤에 설 수 있을 것입니다.

8 Remember that the Lord will reward each one of us for the good we do, whether we are slaves or free.

9 Masters, treat your slaves in the same way. Don't threaten them; remember, you both have the same Master in heaven, and he has no favorites.

10 A final word: Be strong in the Lord and in his mighty power.

11 Put on all of God's armor so that you will be able to stand firm against all strategies of the devil.

12 For we are not fighting against flesh-and-blood enemies, but against evil rulers and authorities of the unseen world, against mighty powers in this dark world, and against evil spirits in the heavenly places.

13 Therefore, put on every piece of God's armor so you will be able to resist the enemy in the time of evil. Then after the battle you will still be standing firm.

•나의 레마 노트•

14 그러므로 여러분은 진리의 허리띠로 허리를 동이고 정의의 가슴막이로 가슴을 가리고 버티어 서십시오.

15 발에는 평화의 복음을 전할 차비를 하십시오.

16 이 모든 것에 더하여 믿음의 방패를 손에 드십시오. 그것으로써 여러분은 악한 자가 쏘는 모든 불화살을 막아 꺼버릴 수 있을 것입니다.

17 그리고 구원의 투구를 받고 성령의 검 곧 하나님의 말씀을 받으십시오.

18 온갖 기도와 간구로 언제나 성령 안에서 기도하십시오. 이것을 위하여 늘 깨어서 끝까지 참으면서 모든 성도를 위하여 간구하십시오.

19 또 나를 위하여 기도하기를, 내가 입을 열 때에, 하나님께서 말씀을 주셔서 담대하게 복음의 비밀을 알릴 수 있게 해 달라고 하십시오.

20 나는 사슬에 매여 있으나, 이 복음을 전하는 사신입니다. 이런 형편에서도, 내가 마땅히 해야 할 말을 담대하게 말할 수 있게 기도하여 주십시오.

14 Stand your ground, putting on the belt of truth and the body armor of God's righteousness.

15 For shoes, put on the peace that comes from the Good News so that you will be fully prepared.

16 In addition to all of these, hold up the shield of faith to stop the fiery arrows of the devil.

17 Put on salvation as your helmet, and take the sword of the Spirit, which is the word of God.

18 Pray in the Spirit at all times and on every occasion. Stay alert and be persistent in your prayers for all believers everywhere.

19 And pray for me, too. Ask God to give me the right words so I can boldly explain God's mysterious plan that the Good News is for Jews and Gentiles alike.

20 I am in chains now, still preaching this message as God's ambassador. So pray that I will keep on speaking boldly for him, as I should.

에베소서 6:14-20

〈작별 인사〉

21 사랑하는 형제이며 주님 안에서 진실한 일꾼인 두기고가, 내가 지내는 형편과 내가 하고 있는 일과 그밖에 모든 것을 여러분에게 알릴 것입니다.

22 우리의 사정을 알리고, 또, 여러분의 마음을 위로하게 하려고, 나는 그를 여러분에게 보냅니다.

23 아버지 하나님과 주 예수 그리스도께서 성도들에게 평화를 내려주시고, 믿음과 더불어 사랑을 베풀어주시기를 빕니다.

24 우리 주 예수 그리스도를 변함없이 사랑하는 모든 사람에게 은혜가 있기를 빕니다.

21 To bring you up to date, Tychicus will give you a full report about what I am doing and how I am getting along. He is a beloved brother and faithful helper in the Lord's work.

22 I have sent him to you for this very purpose - to let you know how we are doing and to encourage you.

23 Peace be with you, dear brothers and sisters, and may God the Father and the Lord Jesus Christ give you love with faithfulness.

24 May God's grace be eternally upon all who love our Lord Jesus Christ.

•나의 레마 노트•

빌립보서

PHILIPPIANS

〈인사〉

1 그리스도 예수의 종인 바울과 디모데가 그리스도 예수 안에서 빌립보에 살고 있는 모
든 성도들과 감독들과 집사들에게 이 편지를 씁니다.

2 하나님 우리 아버지와 주 예수 그리스도께서 내려주시는 은혜와 평화가 여러분에게
있기를 빕니다.

〈빌립보 성도들에게 감사와 찬사를 표하다〉

3 나는 여러분을 생각할 때마다, 나의 하나님께 감사를 드립니다.

4 내가 기도할 때마다, 여러분 모두를 위하여 늘 기쁜 마음으로 간구합니다.

5 여러분이 첫 날부터 지금까지, 복음을 전하는 일에 동참하고 있기 때문입니다.

6 선한 일을 여러분 가운데서 시작하신 분께서 그리스도 예수의 날까지 그 일을 완성하
시리라고, 나는 확신합니다.

7 내가 여러분 모두를 이렇게 생각하는 것은, 나로서는 당연한 일입니다. 내가 여러분을
내 마음에 간직하고 있기 때문입니다. 여러분 모두는 내가 갇혀 있을 때나, 복음을 변
호하고 입증할 때에, 내가 받은 은혜에 동참한 사람들입니다.

1 This letter is from Paul and Timothy, slaves of Christ Jesus. I am writing to all of God's
holy people in Philippi who belong to Christ Jesus, including the elders and deacons.

2 May God our Father and the Lord Jesus Christ give you grace and peace.

3 Every time I think of you, I give thanks to my God.

4 Whenever I pray, I make my requests for all of you with joy,

5 for you have been my partners in spreading the Good News about Christ from the
time you first heard it until now.

6 And I am certain that God, who began the good work within you, will continue his
work until it is finally finished on the day when Christ Jesus returns.

7 So it is right that I should feel as I do about all of you, for you have a special place in
my heart. You share with me the special favor of God, both in my imprisonment and
in defending and confirming the truth of the Good News.

빌립보서 1:1-7

•나의 레마 노트•

8 내가 그리스도 예수의 심정으로, 여러분 모두를 얼마나 그리워하고 있는지는, 하나님
께서 증언하여 주십니다.

9 내가 기도하는 것은 여러분의 사랑이 지식과 모든 통찰력으로 더욱 더 풍성하게 되
어서,

10 여러분이 가장 좋은 것이 무엇인가를 분별할 줄 알게 되는 것입니다. 그리하여 여러분
이 그리스도의 날까지 순결하고 흠이 없이 지내며,

11 예수 그리스도께서 주시는 의의 열매로 가득 차서 하나님께 영광과 찬양을 드리게 되
기를, 나는 기도합니다.

〈바울이 처한 형편〉

12 형제자매 여러분, 내게 일어난 일이 도리어 복음을 전파하는 데에 도움을 준 사실을,
여러분이 알아주시기를 바랍니다.

13 내가 그리스도 안에서 감옥에 갇혔다는 사실이 온 친위대와 그 밖의 모든 사람에게
알려졌습니다.

8 God knows how much I love you and long for you with the tender compassion of
Christ Jesus.

9 I pray that your love will overflow more and more, and that you will keep on growing
in knowledge and understanding.

10 For I want you to understand what really matters, so that you may live pure and
blameless lives until the day of Christ's return.

11 May you always be filled with the fruit of your salvation - the righteous character pro-
duced in your life by Jesus Christ - for this will bring much glory and praise to God.

12 And I want you to know, my dear brothers and sisters, that everything that has hap-
pened to me here has helped to spread the Good News.

13 For everyone here, including the whole palace guard, knows that I am in chains be-
cause of Christ.

•나의 레마 노트•

14 주님 안에 있는 형제자매 가운데서 많은 사람이, 내가 갇혀 있음으로 말미암아 더 확신을 얻어서, 하나님의 말씀을 겁 없이 더욱 담대하게 전하게 되었습니다.

15 어떤 사람들은 시기하고 다투면서 그리스도를 전하고, 어떤 사람들은 좋은 뜻으로 전합니다.

16 좋은 뜻으로 전하는 사람들은 내가 복음을 변호하기 위하여 세우심을 받았다는 것을 알고서 사랑으로 그리스도를 전하지만,

17 시기하고 다투면서 하는 사람들은 경쟁심으로 곧 불순한 동기에서 그리스도를 전합니다. 그들은 나의 감옥 생활에 괴로움을 더하게 하려는 생각을 품고 있습니다.

18 그렇지만 어떻습니까? 거짓된 마음으로 하든지 참된 마음으로 하든지, 어떤 식으로 하든지 결국 그리스도가 전해지는 것입니다. 나는 그것을 기뻐합니다. 앞으로도 또한 기뻐할 것입니다.

19 나는 여러분의 기도와 예수 그리스도의 영의 도우심으로 내가 풀려나리라는 것을 압니다.

14 And because of my imprisonment, most of the believers here have gained confidence and boldly speak God's message without fear.

15 It's true that some are preaching out of jealousy and rivalry. But others preach about Christ with pure motives.

16 They preach because they love me, for they know I have been appointed to defend the Good News.

17 Those others do not have pure motives as they preach about Christ. They preach with selfish ambition, not sincerely, intending to make my chains more painful to me.

18 But that doesn't matter. Whether their motives are false or genuine, the message about Christ is being preached either way, so I rejoice. And I will continue to rejoice.

19 For I know that as you pray for me and the Spirit of Jesus Christ helps me, this will lead to my deliverance.

•나의 레마 노트•

20 나의 간절한 기대와 희망은, 내가 아무 일에도 부끄러움을 당하지 않고 온전히 담대해 져서, 살든지 죽든지, 전과 같이 지금도, 내 몸에서 그리스도께서 존귀함을 받으시리 라는 것입니다.

21 나에게는, 사는 것이 그리스도이시니, 죽는 것도 유익합니다.

22 그러나 육신을 입고 살아가는 것이 나에게 보람된 일이면, 내가 어느 쪽을 택해야 할 지 모르겠습니다.

23 나는 이 둘 사이에 끼여 있습니다. 내가 원하는 것은, 세상을 떠나서 그리스도와 함께 있는 것입니다. 그것이 훨씬 더 나으나,

24 내가 육신으로 남아 있는 것이 여러분에게는 더 필요할 것입니다.

25 나는 이렇게 확신하기 때문에, 여러분의 발전과 믿음의 기쁨을 더하기 위하여 여러분 모두와 함께 머물러 있어야 할 것으로 압니다.

26 내가 다시 여러분에게로 가면, 여러분의 자랑거리가 그리스도 예수 안에서 나 때문에 많아질 것입니다.

20 For I fully expect and hope that I will never be ashamed, but that I will continue to be bold for Christ, as I have been in the past. And I trust that my life will bring honor to Christ, whether I live or die.

21 For to me, living means living for Christ, and dying is even better.

22 But if I live, I can do more fruitful work for Christ. So I really don't know which is better.

23 I'm torn between two desires: I long to go and be with Christ, which would be far better for me.

24 But for your sakes, it is better that I continue to live.

25 Knowing this, I am convinced that I will remain alive so I can continue to help all of you grow and experience the joy of your faith.

26 And when I come to you again, you will have even more reason to take pride in Christ Jesus because of what he is doing through me.

•나의 레마 노트•

1

27 여러분은 오로지 그리스도의 복음에 합당하게 생활하십시오. 그리하여 내가 가서, 여러분을 만나든지, 떠나 있든지, 여러분이 한 정신으로 굳게 서서, 한 마음으로 복음의 신앙을 위하여 함께 싸우며,

28 또한 어떤 일에서도 대적하는 자들을 두려워하지 않는다는 소식이 나에게 들려오기를 바랍니다. 이것이 그들에게는 멸망의 징조이고 여러분에게는 구원의 징조입니다. 이것은 하나님께서 하시는 일입니다.

29 하나님께서는 여러분에게 그리스도를 위한 특권, 즉 그리스도를 믿는 것뿐만 아니라, 또한 그리스도를 위하여 고난을 받는 특권도 주셨습니다.

30 여러분은 내가 하는 것과 똑같은 투쟁을 벌이고 있습니다. 여러분은 내가 그렇게 하는 것을 보았으며, 내가 그렇게 하는 것을 지금 소문으로 듣습니다.

27 Above all, you must live as citizens of heaven, conducting yourselves in a manner worthy of the Good News about Christ. Then, whether I come and see you again or only hear about you, I will know that you are standing together with one spirit and one purpose, fighting together for the faith, which is the Good News.

28 Don't be intimidated in any way by your enemies. This will be a sign to them that they are going to be destroyed, but that you are going to be saved, even by God himself.

29 For you have been given not only the privilege of trusting in Christ but also the privilege of suffering for him.

30 We are in this struggle together. You have seen my struggle in the past, and you know that I am still in the midst of it.

•나의 레마 노트•

2

〈그리스도의 겸손〉

1 그러므로 그리스도 안에서 여러분에게 무슨 격려나, 사랑의 무슨 위로나, 성령의 무슨 교제나, 무슨 동정심과 자비가 있거든,

2 여러분은 같은 생각을 품고, 같은 사랑을 가지고, 뜻을 합하여 한 마음이 되어서, 내 기쁨이 넘치게 해 주십시오.

3 무슨 일을 하든지, 경쟁심이나 허영으로 하지 말고, 겸손한 마음으로 하고, 자기보다 서로 남을 낫게 여기십시오.

4 또한 여러분은 자기 일만 돌보지 말고, 서로 다른 사람들의 일도 돌보아 주십시오.

5 여러분 안에 이 마음을 품으십시오. 그것은 곧 그리스도 예수의 마음이기도 합니다.

6 그는 하나님의 모습을 지니셨으나, 하나님과 동등함을 당연하게 생각하지 않으시고,

7 오히려 자기를 비워서 종의 모습을 취하시고, 사람과 같이 되셨습니다. 그는 사람의 모양으로 나타나셔서,

8 자기를 낮추시고, 죽기까지 순종하셨으니, 곧 십자가에 죽기까지 하셨습니다.

1 Is there any encouragement from belonging to Christ? Any comfort from his love? Any fellowship together in the Spirit? Are your hearts tender and compassionate?

2 Then make me truly happy by agreeing wholeheartedly with each other, loving one another, and working together with one mind and purpose.

3 Don't be selfish; don't try to impress others. Be humble, thinking of others as better than yourselves.

4 Don't look out only for your own interests, but take an interest in others, too.

5 You must have the same attitude that Christ Jesus had.

6 Though he was God, he did not think of equality with God as something to cling to.

7 Instead, he gave up his divine privileges; he took the humble position of a slave and was born as a human being. When he appeared in human form,

8 he humbled himself in obedience to God and died a criminal's death on a cross.

•나의 레마 노트•

9 그러므로 하나님께서는 그를 지극히 높이시고, 모든 이름 위에 뛰어난 이름을 그에게 주셨습니다.

10 그리하여 하늘과 땅 위와 땅 아래 있는 모든 것들이 예수의 이름 앞에 무릎을 꿇고,

11 모두가 예수 그리스도는 주님이시라고 고백하여, 하나님 아버지께 영광을 돌리게 하셨습니다.

〈여러분은 하나님의 자녀답게 사십시오〉

12 그러므로, 사랑하는 여러분, 여러분이 언제나 순종한 것처럼, 내가 함께 있을 때뿐만 아니라, 지금과 같이 내가 없을 때에도 더욱 더 순종하여서, 두렵고 떨리는 마음으로 자기의 구원을 이루어 나가십시오.

13 하나님은 여러분 안에서 활동하셔서, 여러분으로 하여금 하나님을 기쁘게 해 드릴 것을 염원하게 하시고 실천하게 하시는 분입니다.

9 Therefore, God elevated him to the place of highest honor and gave him the name above all other names,

10 that at the name of Jesus every knee should bow, in heaven and on earth and under the earth,

11 and every tongue confess that Jesus Christ is Lord, to the glory of God the Father.

12 Dear friends, you always followed my instructions when I was with you. And now that I am away, it is even more important. Work hard to show the results of your salvation, obeying God with deep reverence and fear.

13 For God is working in you, giving you the desire and the power to do what pleases him.

빌립보서 2:9-13

•나의 레마 노트•

127

14 무슨 일이든지, 불평과 시비를 하지 말고 하십시오.

15 그리하여 여러분은, 흠이 없고 순결해져서, 구부러지고 뒤틀린 세대 가운데서 하나님의 흠없는 자녀가 되어야 합니다. 그리하면 여러분은 이 세상에서 별과 같이 빛날 것입니다.

16 생명의 말씀을 굳게 잡으십시오. 그리하면 내가 달음질한 것과 수고한 것이 헛되지 아니하여서, 그리스도의 날에 내가 자랑할 수 있을 것입니다.

17 그리고 여러분의 믿음의 제사와 예배에 나의 피를 붓는 일이 있을지라도, 나는 기뻐하고, 여러분 모두와 함께 기뻐하겠습니다.

18 여러분도 이와 같이 기뻐하고, 나와 함께 기뻐하십시오.

〈디모데와 에바브로디도〉

19 나는 주 예수 안에서 디모데를 여러분에게 곧 보내고 싶습니다. 그것은 나도 여러분의 형편을 앎으로써 격려를 받으려는 것입니다.

14 Do everything without complaining and arguing,

15 so that no one can criticize you. Live clean, innocent lives as children of God, shining like bright lights in a world full of crooked and perverse people.

16 Hold firmly to the word of life; then, on the day of Christ's return, I will be proud that I did not run the race in vain and that my work was not useless.

17 But I will rejoice even if I lose my life, pouring it out like a liquid offering to God, just like your faithful service is an offering to God. And I want all of you to share that joy.

18 Yes, you should rejoice, and I will share your joy.

19 If the Lord Jesus is willing, I hope to send Timothy to you soon for a visit. Then he can cheer me up by telling me how you are getting along.

빌립보서 2:14-19

20 나에게는, 디모데와 같은 마음으로 진심으로 여러분의 형편을 염려하여 줄 사람이 아무도 없습니다.

21 모두 다 자기의 일에만 관심이 있고, 그리스도 예수의 일에는 관심이 없습니다.

22 그러나 디모데의 인품은 여러분이 잘 알고 있습니다. 그는 자식이 아버지에게 하듯이 복음을 위하여 나와 함께 봉사하였습니다.

23 그러므로 내 일이 되어 가는 것을 보고, 그를 곧 보낼 수 있기를 바랍니다.

24 그리고 나도 곧 가게 되리라는 것을 주님 안에서 확신합니다.

25 그러나 나는, 내 형제요 동역자요 전우요 여러분의 사신이요 내가 쓸 것을 공급한 일꾼인 에바브로디도를 여러분에게 보내어야 할 필요가 있다고 생각하였습니다.

26 그는 여러분 모두를 그리워하고 있을 뿐만 아니라, 자기가 병을 앓았다는 소식을 여러분이 들었기 때문에, 몹시 걱정하고 있었습니다.

20 I have no one else like Timothy, who genuinely cares about your welfare.

21 All the others care only for themselves and not for what matters to Jesus Christ.

22 But you know how Timothy has proved himself. Like a son with his father, he has served with me in preaching the Good News.

23 I hope to send him to you just as soon as I find out what is going to happen to me here.

24 And I have confidence from the Lord that I myself will come to see you soon.

25 Meanwhile, I thought I should send Epaphroditus back to you. He is a true brother, co-worker, and fellow soldier. And he was your messenger to help me in my need.

26 I am sending him because he has been longing to see you, and he was very distressed that you heard he was ill.

•나의 레마 노트•

27 사실, 그는 병이 나서 죽을 뻔하였습니다. 그러나 하나님께서 그를 불쌍히 여기시고, 그만이 아니라 나도 불쌍히 여기셔서, 나에게 겹치는 근심이 생기지 않게 해 주셨습니다.

28 그러므로 내가 더욱 서둘러서 그를 보냅니다. 그것은 여러분이 그를 다시 보고서 기뻐하게 하려는 것이며, 나도 나의 근심을 덜려는 것입니다.

29 그러므로 여러분은 주 안에서 기쁜 마음으로 그를 영접하십시오. 또 그와 같은 이들을 존경하십시오.

30 그는 그리스도의 일로 거의 죽을 뻔하였고, 나를 위해서 여러분이 다하지 못한 봉사를 채우려고 자기 목숨을 아끼지 않은 사람이기 때문입니다.

27 And he certainly was ill; in fact, he almost died. But God had mercy on him - and also on me, so that I would not have one sorrow after another.

28 So I am all the more anxious to send him back to you, for I know you will be glad to see him, and then I will not be so worried about you.

29 Welcome him with Christian love and with great joy, and give him the honor that people like him deserve.

30 For he risked his life for the work of Christ, and he was at the point of death while doing for me what you couldn't do from far away.

빌립보서 2:27-30

⟨하나님의 의⟩

1 끝으로, 나의 형제자매 여러분, 주 안에서 기뻐하십시오. 내가 같은 말을 되풀이해서 쓰는 것이 나에게는 번거롭지도 않고, 여러분에게는 안전합니다.

2 개들을 조심하십시오. 악한 일꾼들을 조심하십시오. 살을 잘라내는 할례를 주장하는 자들을 조심하십시오.

3 하나님의 영으로 예배하며, 그리스도 예수 안에서 자랑하며, 육신을 의지하지 않는 우리들이야말로, 참으로 할례 받은 사람입니다.

4 하기야, 나는 육신에도 신뢰를 둘 만합니다. 다른 어떤 사람이 육신에 신뢰를 둘 만한 것이 있다고 생각하면, 나는 더욱 그러합니다.

5 나는 난 지 여드레만에 할례를 받았고, 이스라엘 민족 가운데서도 베냐민 지파요, 히브리 사람 가운데서도 히브리 사람이요, 율법으로는 바리새파 사람이요,

6 열성으로는 교회를 박해한 사람이요, 율법의 의로는 흠 잡힐 데가 없는 사람이었습니다.

1 Whatever happens, my dear brothers and sisters, rejoice in the Lord. I never get tired of telling you these things, and I do it to safeguard your faith.

2 Watch out for those dogs, those people who do evil, those mutilators who say you must be circumcised to be saved.

3 For we who worship by the Spirit of God are the ones who are truly circumcised. We rely on what Christ Jesus has done for us. We put no confidence in human effort,

4 though I could have confidence in my own effort if anyone could. Indeed, if others have reason for confidence in their own efforts, I have even more!

5 I was circumcised when I was eight days old. I am a pure-blooded citizen of Israel and a member of the tribe of Benjamin - a real Hebrew if there ever was one! I was a member of the Pharisees, who demand the strictest obedience to the Jewish law.

6 I was so zealous that I harshly persecuted the church. And as for righteousness, I obeyed the law without fault.

•나의 레마 노트•

7 [그러나] 나는 내게 이로웠던 것은 무엇이든지 그리스도 때문에 해로운 것으로 여기게 되었습니다.

8 그뿐만 아니라, 내 주 예수 그리스도를 아는 지식이 가장 고귀하므로, 나는 그 밖의 모든 것을 해로 여깁니다. 나는 그리스도 때문에 모든 것을 잃었고, 그 모든 것을 오물로 여깁니다. 나는 그리스도를 얻고,

9 그리스도 안에 있는 사람으로 인정받으려고 합니다. 나는 율법에서 생기는 나 스스로의 의가 아니라, 그리스도를 믿는 믿음으로 말미암아 오는 의 곧 믿음에 근거하여, 하나님에게서 오는 의를 얻으려고 합니다.

10 내가 바라는 것은, 그리스도를 알고, 그분의 부활의 능력을 깨닫고, 그분의 고난에 동참하여, 그분의 죽으심을 본받는 것입니다.

11 그리하여 나는 어떻게 해서든지, 죽은 사람들 가운데서 살아나는 부활에 이르고 싶습니다.

7 I once thought these things were valuable, but now I consider them worthless because of what Christ has done.

8 Yes, everything else is worthless when compared with the infinite value of knowing Christ Jesus my Lord. For his sake I have discarded everything else, counting it all as garbage, so that I could gain Christ

9 and become one with him. I no longer count on my own righteousness through obeying the law; rather, I become righteous through faith in Christ. For God's way of making us right with himself depends on faith.

10 I want to know Christ and experience the mighty power that raised him from the dead. I want to suffer with him, sharing in his death,

11 so that one way or another I will experience the resurrection from the dead!

•나의 레마 노트•

〈목표를 향한 달음질〉

12 나는 이것을 이미 얻은 것도 아니며, 이미 목표점에 다다른 것도 아닙니다. 그리스도 [예수]께서 나를 사로잡으셨으므로, 나는 그것을 붙들려고 좇아가고 있습니다.

13 형제자매 여러분, 나는 아직 그것을 붙들었다고 생각하지 않습니다. 내가 하는 일은 오직 한 가지입니다. 뒤에 있는 것은 잊어버리고, 앞에 있는 것을 향하여 몸을 내밀면서,

14 그리스도 예수 안에서, 하나님께서 위로부터 부르신 그 부르심의 상을 받으려고, 목표점을 바라보고 달려가고 있습니다.

15 그러므로 누구든지 성숙한 사람은 이와 같이 생각하십시오. 여러분이 무엇인가를 달리 생각하면, 하나님께서는 그것도 여러분에게 드러내실 것입니다.

16 어쨌든, 우리가 어느 단계에 도달했든지 그 단계에 맞추어서 행합시다.

12 I don't mean to say that I have already achieved these things or that I have already reached perfection. But I press on to possess that perfection for which Christ Jesus first possessed me.

13 No, dear brothers and sisters, I have not achieved it, but I focus on this one thing: Forgetting the past and looking forward to what lies ahead,

14 I press on to reach the end of the race and receive the heavenly prize for which God, through Christ Jesus, is calling us.

15 Let all who are spiritually mature agree on these things. If you disagree on some point, I believe God will make it plain to you.

16 But we must hold on to the progress we have already made.

빌립보서 3:12-16

•나의 레마 노트•

17 형제자매 여러분, 다 함께 나를 본받으십시오. 여러분이 우리를 본보기로 삼은 것과 같이, 우리를 본받아서 사는 사람들을 눈여겨보십시오.

18 내가 여러분에게 여러 번 말하였고, 지금도 눈물을 흘리면서 말하지만, 그리스도의 십자가의 원수로 살아가는 사람이 많이 있습니다.

19 그들의 마지막은 멸망입니다. 그들은 배를 자기네의 하나님으로 삼고, 자기네의 수치를 영광으로 삼고, 땅의 것만을 생각합니다.

20 그러나 우리의 시민권은 하늘에 있습니다. 그곳으로부터 우리는 구주로 오실 주 예수 그리스도를 기다리고 있습니다.

21 그분은 만물을 복종시킬 수 있는 권능으로, 우리의 비천한 몸을 변화시키셔서, 자기의 영광스러운 몸과 같은 모습이 되게 하실 것입니다.

17 Dear brothers and sisters, pattern your lives after mine, and learn from those who follow our example.

18 For I have told you often before, and I say it again with tears in my eyes, that there are many whose conduct shows they are really enemies of the cross of Christ.

19 They are headed for destruction. Their god is their appetite, they brag about shameful things, and they think only about this life here on earth.

20 But we are citizens of heaven, where the Lord Jesus Christ lives. And we are eagerly waiting for him to return as our Savior.

21 He will take our weak mortal bodies and change them into glorious bodies like his own, using the same power with which he will bring everything under his control.

•나의 레마 노트•

1 그러므로 사랑하고 사모하는 나의 형제자매 여러분, 나의 기쁨이요 나의 면류관인 사랑하는 여러분, 이와 같이 주님 안에 굳건히 서 계십시오.

〈권면〉

2 나는 유오디아에게 권면하고, 순두게에게도 권면합니다. 주님 안에서 같은 마음을 품으십시오.

3 그렇습니다. 나의 진정한 동지여, 그대에게도 부탁합니다. 이 여인들을 도와 주십시오. 이 여인들은 글레멘드와 그 밖의 나의 동역자들과 더불어, 복음을 전하는 일에 나와 함께 애쓴 사람들입니다. 그들의 이름은 생명책에 기록되어 있습니다.

4 주님 안에서 항상 기뻐하십시오. 다시 말합니다. 기뻐하십시오.

5 여러분의 관용을 모든 사람에게 알리십시오. 주님께서 가까이 오셨습니다.

6 아무것도 염려하지 말고, 모든 일을 오직 기도와 간구로 하고, 여러분이 바라는 것을 감사하는 마음으로 하나님께 아뢰십시오.

7 그리하면 사람의 헤아림을 뛰어 넘는 하나님의 평화가 여러분의 마음과 생각을 그리스도 예수 안에서 지켜 줄 것입니다.

1 Therefore, my dear brothers and sisters, stay true to the Lord. I love you and long to see you, dear friends, for you are my joy and the crown I receive for my work.

2 Now I appeal to Euodia and Syntyche. Please, because you belong to the Lord, settle your disagreement.

3 And I ask you, my true partner, to help these two women, for they worked hard with me in telling others the Good News. They worked along with Clement and the rest of my co-workers, whose names are written in the Book of Life.

4 Always be full of joy in the Lord. I say it again - rejoice!

5 Let everyone see that you are considerate in all you do. Remember, the Lord is coming soon.

6 Don't worry about anything; instead, pray about everything. Tell God what you need, and thank him for all he has done.

7 Then you will experience God's peace, which exceeds anything we can understand. His peace will guard your hearts and minds as you live in Christ Jesus.

빌립보서 4:1-7

8 마지막으로, 형제자매 여러분, 무엇이든지 참된 것과, 무엇이든지 경건한 것과, 무엇이든지 옳은 것과, 무엇이든 순결한 것과, 무엇이든 사랑스러운 것과, 무엇이든지 명예로운 것과, 또 덕이 되고 칭찬할 만한 것이면, 이 모든 것을 생각하십시오.

9 그리고 여러분은 나에게서 배운 것과 받은 것과 듣고 본 것들을 실천하십시오. 그리하면 평화의 하나님께서 여러분과 함께 하실 것입니다.

〈빌립보 사람들의 선물〉

10 나를 생각하는 마음이 여러분에게 지금 다시 일어난 것을 보고, 나는 주님 안에서 크게 기뻐하였습니다. 사실, 여러분은 나를 항상 생각하고 있었지만, 그것을 나타낼 기회가 없었던 것입니다.

11 내가 궁핍해서 이렇게 말하는 것이 아닙니다. 나는 어떤 처지에서도 스스로 만족하는 법을 배웠습니다.

12 나는 비천하게 살 줄도 알고, 풍족하게 살 줄도 압니다. 배부르거나, 굶주리거나, 풍족하거나, 궁핍하거나, 그 어떤 경우에도 적응할 수 있는 비결을 배웠습니다.

8 And now, dear brothers and sisters, one final thing. Fix your thoughts on what is true, and honorable, and right, and pure, and lovely, and admirable. Think about things that are excellent and worthy of praise.

9 Keep putting into practice all you learned and received from me - everything you heard from me and saw me doing. Then the God of peace will be with you.

10 How I praise the Lord that you are concerned about me again. I know you have always been concerned for me, but you didn't have the chance to help me.

11 Not that I was ever in need, for I have learned how to be content with whatever I have.

12 I know how to live on almost nothing or with everything. I have learned the secret of living in every situation, whether it is with a full stomach or empty, with plenty or little.

빌립보서 4:8-12

•나의 레마 노트•

13 나에게 능력을 주시는 분 안에서, 나는 모든 것을 할 수 있습니다.

14 그러나 여러분이 나의 고난에 동참한 것은 잘 한 일입니다.

15 빌립보의 교우 여러분, 여러분도 아는 바와 같이, 내가 복음을 전파하던 초기에 마케도니아를 떠날 때에, 주고받는 일로 나에게 협력한 교회는 여러분밖에 없습니다.

16 내가 데살로니가에 있을 때에도, 여러분은 내가 쓸 것을 몇 번 보내어 주었습니다.

17 나는 선물을 바라지 않습니다. 나는 여러분의 장부에 유익한 열매가 늘어나기를 바랍니다.

18 나는 모든 것을 받아서, 풍족하게 지내고 있습니다. 나는 여러분이 보내 준 것을 에바브로디도로부터 받아서 풍족합니다. 그것은 아름다운 향기이며, 하나님께서 기쁘게 받으시는 제물입니다.

19 나의 하나님께서 자기의 풍성하심을 따라 그리스도 예수 안에 있는 영광으로 여러분에게 필요한 것을 모두 채워 주실 것입니다.

20 하나님 우리 아버지께 영광이 영원히 있기를 빕니다. 아멘.

13 For I can do everything through Christ, who gives me strength.

14 Even so, you have done well to share with me in my present difficulty.

15 As you know, you Philippians were the only ones who gave me financial help when I first brought you the Good News and then traveled on from Macedonia. No other church did this.

16 Even when I was in Thessalonica you sent help more than once.

17 I don't say this because I want a gift from you. Rather, I want you to receive a reward for your kindness.

18 At the moment I have all I need - and more! I am generously supplied with the gifts you sent me with Epaphroditus. They are a sweet-smelling sacrifice that is acceptable and pleasing to God.

19 And this same God who takes care of me will supply all your needs from his glorious riches, which have been given to us in Christ Jesus.

20 Now all glory to God our Father forever and ever! Amen.

•나의 레마 노트•

〈작별 인사〉

21 그리스도 예수 안에 있는 모든 성도에게 문안하십시오. 나와 함께 있는 교우들이 여러분에게 문안합니다.

22 모든 성도가 여러분에게 문안합니다. 특히 황제의 집안에 속한 사람들이 여러분에게 문안합니다.

23 주 예수 그리스도의 은혜가 여러분의 심령과 함께 있기를 빕니다.

21 Give my greetings to each of God's holy people - all who belong to Christ Jesus. The brothers who are with me send you their greetings.

22 And all the rest of God's people send you greetings, too, especially those in Caesar's household.

23 May the grace of the Lord Jesus Christ be with your spirit.

•나의 레마 노트•

골
로
새
서

COLOSSIANS

1

〈인사〉

1 하나님의 뜻으로 그리스도 예수의 사도가 된 나 바울과 형제인 디모데가,

2 골로새에 있는 성도들 곧 그리스도 안에 있는 신실한 형제자매들에게 이 편지를 씁니다. 우리 아버지 하나님께서 내려주시는 은혜와 평화가 여러분에게 있기를 빕니다.

〈하나님께 감사를 드리다〉

3 우리는 여러분을 위하여 기도할 때에, 항상 우리 주 예수 그리스도의 하나님 아버지께 감사를 드립니다.

4 우리는 그리스도 예수에 대한 여러분의 믿음과 모든 성도를 향해서 여러분이 품고 있는 사랑을 전해 들었습니다.

5 이 믿음과 사랑은 여러분을 위하여 하늘에 쌓아 두신 소망에 근거합니다. 이 소망은 여러분이 진리의 말씀 곧 복음을 받아들일 때에 이미 들은 것입니다.

6 이 복음은 온 세상에 전해진 것과 같이, 여러분에게 전해졌습니다. 여러분이 하나님의 은혜를 듣고서 참되게 깨달은 그날로부터, 여러분 가운데서와 같이 온 세상에서 열매를 맺으며 자라고 있습니다.

1 This letter is from Paul, chosen by the will of God to be an apostle of Christ Jesus, and from our brother Timothy.

2 We are writing to God's holy people in the city of Colosse, who are faithful brothers and sisters in Christ. May God our Father give you grace and peace.

3 We always pray for you, and we give thanks to God, the Father of our Lord Jesus Christ.

4 For we have heard of your faith in Christ Jesus and your love for all of God's people,

5 which come from your confident hope of what God has reserved for you in heaven. You have had this expectation ever since you first heard the truth of the Good News.

6 This same Good News that came to you is going out all over the world. It is bearing fruit everywhere by changing lives, just as it changed your lives from the day you first heard and understood the truth about God's wonderful grace.

•나의 레마 노트•

7 여러분은 하나님의 은혜를 우리와 함께 종이 된 사랑하는 에바브라에게서 배웠습니다. 그는 여러분을 위해서 일하는 그리스도의 신실한 일꾼이요,

8 성령 안에서 여러분의 사랑을 우리에게 알려 준 사람입니다.

〈그리스도의 인격과 그분이 하시는 일〉

9 그러므로 우리가 여러분의 소식을 들은 그 날부터, 우리도 여러분을 위하여 쉬지 않고 기도합니다. 우리는 하나님께서 여러분에게 모든 신령한 지혜와 총명으로 하나님의 뜻을 아는 지식을 채워 주시기를 빕니다.

10 여러분이 주님께 합당하게 살아감으로써, 모든 일에서 그분을 기쁘게 해 드리고, 모든 선한 일에서 열매를 맺고, 하나님을 점점 더 알고,

11 하나님의 영광의 권능에서 오는 모든 능력으로 강하게 되어서, 기쁨으로 끝까지 참고 견디기를 바랍니다.

12 그리하여 성도들이 받을 상속의 몫을 차지할 자격을 여러분에게 주신 아버지께, 여러분이 빛 속에서 감사를 드리게 되기를 우리는 바랍니다.

7 You learned about the Good News from Epaphras, our beloved co-worker. He is Christ's faithful servant, and he is helping us on your behalf.

8 He has told us about the love for others that the Holy Spirit has given you.

9 So we have not stopped praying for you since we first heard about you. We ask God to give you complete knowledge of his will and to give you spiritual wisdom and understanding.

10 Then the way you live will always honor and please the Lord, and your lives will produce every kind of good fruit. All the while, you will grow as you learn to know God better and better.

11 We also pray that you will be strengthened with all his glorious power so you will have all the endurance and patience you need. May you be filled with joy,

12 always thanking the Father. He has enabled you to share in the inheritance that belongs to his people, who live in the light.

•나의 레마 노트•

13 아버지께서 우리를 암흑의 권세에서 건져내셔서, 자기의 사랑하는 아들의 나라로 옮기셨습니다.

14 우리는 그 아들 안에서 구속 곧 죄 사함을 받았습니다.

15 그 아들은 보이지 않는 하나님의 형상이시요, 모든 피조물보다 먼저 나신 분이십니다.

16 만물이 그분 안에서 창조되었습니다. 하늘에 있는 것들과 땅에 있는 것들, 보이는 것들과 보이지 않는 것들, 왕권이나 주권이나 권력이나 권세나 할 것 없이, 모든 것이 그분으로 말미암아 창조되었고, 그분을 위하여 창조되었습니다.

17 그분은 만물보다 먼저 계시고, 만물은 그분 안에서 존속합니다.

18 그분은 교회라는 몸의 머리이십니다. 그는 근원이시며, 죽은 사람들 가운데서 제일 먼저 살아나신 분이십니다. 이는 그분이 만물 가운데서 으뜸이 되시기 위함입니다.

19 하나님께서는 그분의 안에 모든 충만함을 머무르게 하시기를 기뻐하시고,

20 그분의 십자가의 피로 평화를 이루셔서, 그분으로 말미암아 만물을, 곧 땅에 있는 것들이나 하늘에 있는 것들이나 다, 자기와 기꺼이 화해시켰습니다.

13 For he has rescued us from the kingdom of darkness and transferred us into the Kingdom of his dear Son,

14 who purchased our freedom and forgave our sins.

15 Christ is the visible image of the invisible God. He existed before anything was created and is supreme over all creation,

16 for through him God created everything in the heavenly realms and on earth. He made the things we can see and the things we can't see - such as thrones, kingdoms, rulers, and authorities in the unseen world. Everything was created through him and for him.

17 He existed before anything else, and he holds all creation together.

18 Christ is also the head of the church, which is his body. He is the beginning, supreme over all who rise from the dead. So he is first in everything.

19 For God in all his fullness was pleased to live in Christ,

20 and through him God reconciled everything to himself. He made peace with everything in heaven and on earth by means of Christ's blood on the cross.

골로새서 1:13-20

21 전에 여러분은 악한 일로 하나님을 멀리 떠나 있었고, 마음으로 하나님과 원수가 되어 있었습니다.

22 그러나 지금은 하나님께서 그리스도의 죽으심을 통하여, 그분의 육신의 몸으로 여러분과 화해하셔서, 여러분을 거룩하고 흠이 없고 책망할 것이 없는 사람으로 자기 앞에 내세우셨습니다.

23 그러므로 여러분은 믿음에 튼튼히 터를 잡아 굳건히 서 있어야 하며, 여러분이 들은 복음의 소망에서 떠나지 말아야 합니다. 이 복음은 하늘 아래 있는 모든 피조물에게 전파되었으며, 나 바울은 이 복음의 일꾼이 되었습니다.

〈교회에서 바울이 하는 일〉

24 이제 나는 여러분을 위하여 고난을 받는 것을 기쁘게 여기고 있으며, 그리스도의 남은 고난을 그분의 몸 곧 교회를 위하여 내 육신으로 채워가고 있습니다.

21 This includes you who were once far away from God. You were his enemies, separated from him by your evil thoughts and actions.

22 Yet now he has reconciled you to himself through the death of Christ in his physical body. As a result, he has brought you into his own presence, and you are holy and blameless as you stand before him without a single fault.

23 But you must continue to believe this truth and stand firmly in it. Don't drift away from the assurance you received when you heard the Good News. The Good News has been preached all over the world, and I, Paul, have been appointed as God's servant to proclaim it.

24 I am glad when I suffer for you in my body, for I am participating in the sufferings of Christ that continue for his body, the church.

골로새서 1:21-24

•나의 레마 노트•

25 나는 하나님께서 여러분을 위하여 하나님의 말씀을 남김없이 전파하게 하시려고 내게 맡기신 사명을 따라, 교회의 일꾼이 되었습니다.

26 이 비밀은 영원 전부터 모든 세대에게 감추어져 있었는데, 지금은 그 성도들에게 드러났습니다.

27 하나님께서는 이방 사람 가운데 나타난 이 비밀의 영광이 얼마나 풍성한지를 성도들에게 알리려고 하셨습니다. 이 비밀은 여러분 안에 계신 그리스도요, 곧 영광의 소망입니다.

28 우리는 이 그리스도를 전합니다. 우리는 모든 사람을 그리스도 안에서 온전한 사람으로 세우기 위하여 모든 사람에게 권하며, 지혜를 다하여 모든 사람을 가르칩니다.

29 이 일을 위하여 나도 내 속에서 능력으로 작용하는 그분의 활력을 따라 수고하며 애쓰고 있습니다.

25 God has given me the responsibility of serving his church by proclaiming his entire message to you.

26 This message was kept secret for centuries and generations past, but now it has been revealed to God's people.

27 For God wanted them to know that the riches and glory of Christ are for you Gentiles, too. And this is the secret: Christ lives in you. This gives you assurance of sharing his glory.

28 So we tell others about Christ, warning everyone and teaching everyone with all the wisdom God has given us. We want to present them to God, perfect in their relationship to Christ.

29 That's why I work and struggle so hard, depending on Christ's mighty power that works within me.

골로새서 1:25-29

1 여러분과 라오디게아에 있는 사람들과 그밖에 내 얼굴을 직접 보지 못한 사람들을 위하여 내가 얼마나 애쓰고 있는지 여러분이 알기를 바랍니다.

2 내가 이렇게 하는 것은 여러분 모두가 사랑으로 결속되어 마음에 격려를 받고, 깨달음에서 생기는 충만한 확신의 모든 풍요에 이르고, 하나님의 비밀인 그리스도를 온전히 알게 하려는 것입니다.

3 그리스도 안에는 모든 지혜와 지식의 보화가 감추어져 있습니다.

4 내가 이 말을 하는 것은, 아무도 교묘한 말로 여러분을 속이지 못하게 하기 위함입니다.

5 나는 육체로는 비록 떠나 있으나, 영으로는 여러분과 함께 있으며, 여러분이 질서 있게 살아가는 것과 그리스도를 믿는 여러분의 믿음이 굳건한 것을 보고 기뻐하고 있습니다.

〈그리스도 안에서 사십시오〉

6 그러므로 여러분이 그리스도 예수를 주님으로 받아들였으니, 그분 안에서 살아가십시오.

1 I want you to know how much I have agonized for you and for the church at Laodicea, and for many other believers who have never met me personally.

2 I want them to be encouraged and knit together by strong ties of love. I want them to have complete confidence that they understand God's mysterious plan, which is Christ himself.

3 In him lie hidden all the treasures of wisdom and knowledge.

4 I am telling you this so no one will deceive you with well-crafted arguments.

5 For though I am far away from you, my heart is with you. And I rejoice that you are living as you should and that your faith in Christ is strong.

6 And now, just as you accepted Christ Jesus as your Lord, you must continue to follow him.

•나의 레마 노트•

7 여러분은 그분 안에 뿌리를 박고, 세우심을 입어서, 가르침을 받은 대로 믿음을 굳게 하여 감사의 마음이 넘치게 하십시오.

8 누가 철학이나 헛된 속임수로, 여러분을 노획물로 삼을까 조심하십시오. 그런 것은 사람들의 전통과 세상의 유치한 원리를 따라 하는 것이요, 그리스도를 따라 하는 것이 아닙니다.

9 그리스도 안에 온갖 충만한 신성이 몸이 되어 머물고 계십니다.

10 여러분도 그분 안에서 충만함을 받았습니다. 그리스도는 모든 통치와 권세의 머리이십니다.

11 그분 안에서 여러분도 손으로 행하지 않은 할례, 곧 육신의 몸을 벗어버리는 그리스도의 할례를 받았습니다.

12 여러분은 세례로 그리스도와 함께 묻혔고, 또한 그분을 죽은 사람들 가운데서 살리신 하나님의 능력을 믿는 믿음으로, 그리스도 안에서, 그리스도와 함께 살아났습니다.

7 Let your roots grow down into him, and let your lives be built on him. Then your faith will grow strong in the truth you were taught, and you will overflow with thankfulness.

8 Don't let anyone capture you with empty philosophies and high-sounding nonsense that come from human thinking and from the spiritual powers of this world, rather than from Christ.

9 For in Christ lives all the fullness of God in a human body.

10 So you also are complete through your union with Christ, who is the head over every ruler and authority.

11 When you came to Christ, you were "circumcised," but not by a physical procedure. Christ performed a spiritual circumcision - the cutting away of your sinful nature.

12 For you were buried with Christ when you were baptized. And with him you were raised to new life because you trusted the mighty power of God, who raised Christ from the dead.

골로새서 2:7-12

•나의 레마 노트•

13 또 여러분은 죄를 지은 것과 육신이 할례를 받지 않은 것 때문에 죽었으나, 하나님께서는 여러분을 그리스도와 함께 살리시고, 우리의 모든 죄를 용서하여 주셨습니다.

14 하나님께서는 우리에게 불리한 조문들이 들어 있는 빚문서를 지워 버리시고, 그것을 십자가에 못박으셔서, 우리 가운데서 제거해버리셨습니다.

15 그리고 모든 통치자들과 권력자들의 무장을 해제시키시고, 그들을 그리스도의 개선 행진에 포로로 내세우셔서, 뭇 사람의 구경거리로 삼으셨습니다.

16 그러므로 먹고 마시는 일이나 명절이나 초승달 축제나 안식일 문제로, 아무도 여러분을 심판하지 못하게 하십시오.

17 이런 것은 장차 올 것들의 그림자일 뿐이요, 그 실체는 그리스도에게 있습니다.

18 아무도 겸손과 천사 숭배를 주장하면서 여러분을 비방하지 못하게 하십시오. 그런 자는 자기가 본 환상에 도취되어 있고, 육신의 생각으로 터무니없이 교만을 부립니다.

13 You were dead because of your sins and because your sinful nature was not yet cut away. Then God made you alive with Christ, for he forgave all our sins.

14 He canceled the record of the charges against us and took it away by nailing it to the cross.

15 In this way, he disarmed the spiritual rulers and authorities. He shamed them publicly by his victory over them on the cross.

16 So don't let anyone condemn you for what you eat or drink, or for not celebrating certain holy days or new moon ceremonies or Sabbaths.

17 For these rules are only shadows of the reality yet to come. And Christ himself is that reality.

18 Don't let anyone condemn you by insisting on pious self-denial or the worship of angels, saying they have had visions about these things. Their sinful minds have made them proud,

•나의 레마 노트•

19 그는 머리에 붙어 있지 않습니다. 온 몸은 머리이신 그리스도로부터 각 마디와 힘줄을 통하여 영양을 공급받고, 서로 연결되어서 하나님께서 자라게 하시는 대로 자라나는 것입니다.

〈그리스도와 함께 하는 새 생활〉

20 여러분은 그리스도와 함께 죽어서 세상의 유치한 원리에서 떠났는데, 어찌하여 아직도 이 세상에 속하여 사는 것과 같이 규정에 얽매여 있습니까?

21 "붙잡지도 말아라. 맛보지도 말아라. 건드리지도 말아라" 하니, 웬 말입니까?

22 이런 것들은 다 한때에 쓰다가 없어지는 것으로서, 사람의 규정과 교훈을 따른 것입니다.

23 이런 것들은, 꾸며낸 경건과 겸손과 몸을 학대하는 데는 지혜를 나타내 보이지만, 육체의 욕망을 억제하는 데는 아무런 유익이 없습니다.

19 and they are not connected to Christ, the head of the body. For he holds the whole body together with its joints and ligaments, and it grows as God nourishes it.

20 You have died with Christ, and he has set you free from the spiritual powers of this world. So why do you keep on following the rules of the world, such as,

21 "Don't handle! Don't taste! Don't touch!"?

22 Such rules are mere human teachings about things that deteriorate as we use them.

23 These rules may seem wise because they require strong devotion, pious self-denial, and severe bodily discipline. But they provide no help in conquering a person's evil desires.

골로새서 2:19-23

1 그러므로 여러분이 그리스도와 함께 살려 주심을 받았으면, 위에 있는 것들을 추구하십시오. 거기에는, 그리스도께서 하나님의 오른쪽에 앉아 계십니다.

2 여러분은 땅에 있는 것들을 생각하지 말고, 위에 있는 것들을 생각하십시오.

3 여러분은 이미 죽었고, 여러분의 생명은 그리스도와 함께 하나님 안에 감추어져 있습니다.

4 여러분의 생명이신 그리스도께서 나타나실 때에, 여러분도 그분과 함께 영광에 싸여 나타날 것입니다.

5 그러므로 땅에 속한 지체의 일들, 곧 음행과 더러움과 정욕과 악한 욕망과 탐욕을 죽이십시오. 탐욕은 우상숭배입니다.

6 이런 것들 때문에, [순종하지 않는 자들에게] 하나님의 진노가 내립니다.

7 여러분도 전에 그런 것에 빠져서 살 때에는, 그렇게 행동하였습니다.

8 그러나 이제 여러분은 그 모든 것, 곧 분노와 격분과 악의와 훼방과 여러분의 입에서 나오는 부끄러운 말을 버리십시오.

1 Since you have been raised to new life with Christ, set your sights on the realities of heaven, where Christ sits in the place of honor at God's right hand.

2 Think about the things of heaven, not the things of earth.

3 For you died to this life, and your real life is hidden with Christ in God.

4 And when Christ, who is your life, is revealed to the whole world, you will share in all his glory.

5 So put to death the sinful, earthly things lurking within you. Have nothing to do with sexual immorality, impurity, lust, and evil desires. Don't be greedy, for a greedy person is an idolater, worshiping the things of this world.

6 Because of these sins, the anger of God is coming.

7 You used to do these things when your life was still part of this world.

8 But now is the time to get rid of anger, rage, malicious behavior, slander, and dirty language.

•나의 레마 노트•

9 서로 거짓말을 하지 마십시오. 여러분은 옛 사람을 그 행실과 함께 벗어버리고,

10 새 사람을 입으십시오. 이 새 사람은 자기를 창조하신 분의 형상을 따라 끊임없이 새로워져서, 참 지식에 이르게 됩니다.

11 거기에는 그리스인과 유대인도, 할례 받은 자와 할례받지 않은 자도, 야만인도 스구디아인도, 종도 자유인도 없습니다. 오직 그리스도만이 모든 것이며, 모든 것 안에 계십니다.

12 그러므로 여러분은 하나님의 택하심을 입은 사랑 받는 거룩한 사람답게, 동정심과 친절함과 겸손함과 온유함과 오래 참음을 옷 입듯이 입으십시오.

13 누가 누구에게 불평할 일이 있더라도, 서로 용납하여 주고, 서로 용서하여 주십시오. 주님께서 여러분을 용서하신 것과 같이, 여러분도 서로 용서하십시오.

14 이 모든 것 위에 사랑을 더하십시오. 사랑은 완전하게 묶는 띠입니다.

15 그리스도의 평화가 여러분의 마음을 지배하게 하십시오. 이 평화를 누리도록 여러분은 부르심을 받아 한 몸이 되었습니다. 또 여러분은 감사하는 사람이 되십시오.

9 Don't lie to each other, for you have stripped off your old sinful nature and all its wicked deeds.

10 Put on your new nature, and be renewed as you learn to know your Creator and become like him.

11 In this new life, it doesn't matter if you are a Jew or a Gentile, circumcised or uncircumcised, barbaric, uncivilized, slave, or free. Christ is all that matters, and he lives in all of us.

12 Since God chose you to be the holy people he loves, you must clothe yourselves with tenderhearted mercy, kindness, humility, gentleness, and patience.

13 Make allowance for each other's faults, and forgive anyone who offends you. Remember, the Lord forgave you, so you must forgive others.

14 Above all, clothe yourselves with love, which binds us all together in perfect harmony.

15 And let the peace that comes from Christ rule in your hearts. For as members of one body you are called to live in peace. And always be thankful.

골로새서 3:9-15

16 그리스도의 말씀이 여러분 가운데 풍성히 살아 있게 하십시오. 온갖 지혜로 서로 가르치고 권고하십시오. 감사한 마음으로 시와 찬미와 신령한 노래로 여러분의 하나님께 마음을 다하여 찬양하십시오.

17 그리고 말이든 행동이든 무엇을 하든지, 모든 것을 주 예수의 이름으로 하고, 그분에게서 힘을 얻어서, 하나님 아버지께 감사를 드리십시오.

〈가정 생활 지침〉

18 아내 된 이 여러분, 남편에게 순종하십시오. 이것이 주님 안에서 합당한 일입니다.

19 남편 된 이 여러분, 아내를 사랑하십시오. 아내를 모질게 대하지 마십시오.

20 자녀 된 이 여러분, 모든 일에 부모에게 복종하십시오. 이것이 주님을 기쁘게 해 드리는 일입니다.

21 어버이 된 이 여러분, 여러분의 자녀들을 격분하게 하지 마십시오. 그들의 의기를 꺾지 않아야 합니다.

16 Let the message about Christ, in all its richness, fill your lives. Teach and counsel each other with all the wisdom he gives. Sing psalms and hymns and spiritual songs to God with thankful hearts.

17 And whatever you do or say, do it as a representative of the Lord Jesus, giving thanks through him to God the Father.

18 Wives, submit to your husbands, as is fitting for those who belong to the Lord.

19 Husbands, love your wives and never treat them harshly.

20 Children, always obey your parents, for this pleases the Lord.

21 Fathers, do not aggravate your children, or they will become discouraged.

•나의 레마 노트•

22 종으로 있는 이 여러분, 모든 일에 육신의 주인에게 복종하십시오. 사람을 기쁘게 하는 자들처럼 눈가림으로 하지 말고, 주님을 두려워하면서, 성실한 마음으로 하십시오.

23 무슨 일을 하든지 사람에게 하듯이 하지 말고, 주님께 하듯이 진심으로 하십시오.

24 여러분은 주님께 유산을 상으로 받는다는 사실을 기억하십시오. 여러분이 섬기는 분은 주 그리스도이십니다.

25 불의를 행하는 사람은, 자기가 행한 불의의 대가를 받을 것입니다. 거기에는 사람을 보고 차별을 하는 일이 없습니다.

22 Slaves, obey your earthly masters in everything you do. Try to please them all the time, not just when they are watching you. Serve them sincerely because of your reverent fear of the Lord.

23 Work willingly at whatever you do, as though you were working for the Lord rather than for people.

24 Remember that the Lord will give you an inheritance as your reward, and that the Master you are serving is Christ.

25 But if you do what is wrong, you will be paid back for the wrong you have done. For God has no favorites.

골로새서 3:22-25

•나의 레마 노트•

1 주인 된 이 여러분, 정당하고 공정하게 종들을 대우하십시오. 여러분도 하늘에 주인을 모시고 있다는 사실을 아시기 바랍니다.

〈권면〉

2 기도에 힘을 쓰십시오. 감사하는 마음으로 기도하면서, 깨어 있으십시오.

3 또 하나님께서 전도의 문을 우리에게 열어 주셔서, 우리가 그리스도의 비밀을 말할 수 있도록, 우리를 위해서도 기도하여 주십시오. 나는 이 비밀을 전하는 일로 매여 있습니다.

4 그러니 내가 마땅히 해야 할 말로 이 비밀을 나타낼 수 있도록 기도해 주십시오.

5 외부 사람들에게는 지혜롭게 대하고, 기회를 선용하십시오.

6 여러분의 말은 소금으로 맛을 내어 언제나 은혜가 넘쳐야 합니다. 여러분은 각 사람에게 어떻게 대답해야 마땅한지를 알아야 합니다.

1 Masters, be just and fair to your slaves. Remember that you also have a Master - in heaven.

2 Devote yourselves to prayer with an alert mind and a thankful heart.

3 Pray for us, too, that God will give us many opportunities to speak about his mysterious plan concerning Christ. That is why I am here in chains.

4 Pray that I will proclaim this message as clearly as I should.

5 Live wisely among those who are not believers, and make the most of every opportunity.

6 Let your conversation be gracious and attractive so that you will have the right response for everyone.

골로새서 4:1-6

•나의 레마 노트•

〈작별 인사〉

7 내 모든 사정은 두기고가 여러분에게 알려드릴 것입니다. 그는 주님 안에서, 사랑하는 형제요, 신실한 일꾼이요, 함께 종된 사람입니다.

8 내가 그를 여러분에게 보내는 것은, 여러분이 우리의 사정을 알고 마음에 위로를 받게 하려는 것입니다.

9 그리고 사랑 받는 신실한 형제인 오네시모도 같이 보냅니다. 그는 여러분의 동향인입니다. 그들이 이 곳 사정을 모두 여러분에게 알려 드릴 것입니다.

10 나와 함께 갇혀 있는 아리스다고와 바나바의 사촌인 마가가 여러분에게 문안합니다 (마가가 여러분에게 가거든 잘 영접하라는 지시를 여러분이 이미 받았을 줄 압니다).

11 유스도라는 예수도 문안합니다. 할례 받은 사람들로서는 이들만이 하나님의 나라를 위하여 일하는 나의 동역자들이요, 나에게 위로가 되어 준 사람들입니다.

12 여러분의 동향인이요 그리스도 [예수]의 종인 에바브라가 여러분에게 문안합니다. 그는 여러분이 완전하게 되고, 하나님의 모든 뜻에 확신을 가지고 서기를 기도하면서, 늘 여러분을 위하여 애쓰고 있습니다.

7 Tychicus will give you a full report about how I am getting along. He is a beloved brother and faithful helper who serves with me in the Lord's work.

8 I have sent him to you for this very purpose - to let you know how we are doing and to encourage you.

9 I am also sending Onesimus, a faithful and beloved brother, one of your own people. He and Tychicus will tell you everything that's happening here.

10 Aristarchus, who is in prison with me, sends you his greetings, and so does Mark, Barnabas's cousin. As you were instructed before, make Mark welcome if he comes your way.

11 Jesus (the one we call Justus) also sends his greetings. These are the only Jewish believers among my co-workers; they are working with me here for the Kingdom of God. And what a comfort they have been!

12 Epaphras, a member of your own fellowship and a servant of Christ Jesus, sends you his greetings. He always prays earnestly for you, asking God to make you strong and perfect, fully confident that you are following the whole will of God.

•나의 레마 노트•

13 나는 그가, 여러분을 위하여, 그리고 라오디게아와 히에라볼리에 있는 사람들을 위하여, 수고를 많이 하고 있음을 증언합니다.

14 사랑하는 의사인 누가와 데마도 여러분에게 문안합니다.

15 라오디게아에 있는 형제자매들과 눔바와 그 부인의 집에서 모이는 교회에 문안해 주십시오.

16 여러분이 이 편지를 읽은 다음에는, 라오디게아 교회에서도 읽을 수 있게 하고, 라오디게아 교회에서 오는 편지도 읽으십시오.

17 그리고 아킵보에게 "주님 안에서 받은 직분을 유의하여 완수하라"고 일러주십시오.

18 나 바울이 친필로 문안합니다. 내가 갇혀 있음을 기억하십시오. 은혜가 여러분에게 있기를 빕니다.

13 I can assure you that he prays hard for you and also for the believers in Laodicea and Hierapolis.

14 Luke, the beloved doctor, sends his greetings, and so does Demas.

15 Please give my greetings to our brothers and sisters at Laodicea, and to Nympha and the church that meets in her house.

16 After you have read this letter, pass it on to the church at Laodicea so they can read it, too. And you should read the letter I wrote to them.

17 And say to Archippus, "Be sure to carry out the ministry the Lord gave you."

18 HERE IS MY GREETING IN MY OWN HANDWRITING - PAUL. Remember my chains. May God's grace be with you.

골로새서 4:13-18

•나의 레마 노트•

읽고 쓰고 마음에 새기는 필사 노트

갈라디아서·에베소서·빌립보서·골로새서

초판1쇄 발행일 2020년 12월 28일

엮은이 편집부
발행인 이용훈

발행처 북스원
출판등록 제 2015-000033호
주소 서울시 송파구 오금로44나길 5, 401호
전화 010-3244-4066
이메일 wisebook@naver.com
공급처 (주)비전북 031-907-3927

ISBN 979-11-955207-6-3 03230

책값은 뒤표지에 있습니다.
잘못된 책은 구입하신 곳에서 교환하여 드립니다.